先生たちのリフレクション

TEACHERS' REFLECTION

主体的・対話的で深い学びに近づく、たった一つの習慣

千々布敏弥

教育開発研究所

はじめに

本書は『教職研修』誌で2020年度の1年間連載した「主体的・対話的で深い学びの神髄を求めて」の内容をもとに改めて執筆したものである。連載の趣旨は、素直に「主体的・対話的で深い学び」の意味を探るものだった。

学習指導要領の用語や言い回しには独特のものがあり、一般にわかりにくい。わかりにくいのだが、わからないとは言いにくい空気が教育界に存在している。そのため、教育委員会の建物内ではこれらのわかりにくいことばが大前提で通用するし、学校では勝手な解釈が流布するか、無視して旧来どおりの授業が展開される。

主体的・対話的で深い学びは、そのような現状を変えようと考えて生み出されたことばであったはずだが、やはり文部科学省の旧弊から抜け出すことはできていない。したがって、本書の第1の目的は、主体的・対話的で深い学びとはどのようなものかを、いち研究者の立場でわかりやすく解説することだった。

幸いに私は文科省の建物の中で勤務し、学習指導要領の担当部局へは階段の昇り降りだけでアクセスできる。彼らとの交流を通じて、公開されている文言だけではわかりにくい学習指導要領の理念を理解することができた。その成果は第2章で解説している。簡潔に言えば、教師を主語として語ってきた学習指導要領を、子どもを主語とするものに変えたということだ。学習指導要領の改訂のたびに「教師がこれこれこのような指導をしたらいい」ということが提言されてきたのだが、教え込みの授業がなかなか変わらない。業を煮やして登場したのが「アクティブ・ラーニング」だと言える。

ところが、アクティブ・ラーニングの語が登場すると、今度は従来の授業改善に努めてきた人たちが反論するようになる。これまでの努力を認めないのか、という声、アクティブ・ラーニングでもうまくいっていない授業がある、という声だ。

そのような見解の対立を止揚する考え方として主体的・対話的で深い学びの語は登場している。教師がどんなに言い訳しようとも、子どもが主体的・対話的で深い学びをできていなければ、それは授業の目的が達成できていないということだ。

そのやりとりは従来から授業研究の場で展開されてきたものだが、授業者が学習指導要領を根拠とした指導意図を滔々《とうとう》と説明すると、なぜかその場の人たちが納得する状況が生まれていた。教師によっては最初から言い訳を用意することが研究授業の準備（すなわち教材研究）になることもあった。あるいは、そのような授業研究文化が定着している学校もある。

子どもを主語にした主体的・対話的で深い学びは、教師が目指すべき子どもの学びの姿を端的に示している。授業の評価も、それが実現できているかどうか、子どもがどう学んだのか、子どもが何をつかんだのかで議論すればよい。この考え方の転換は見事と言えるだろう。

では、どうやって子どもが主体的・対話的で深い学びができる授業をつくればよいのだろうか。教師はどのような授業を行えば子どもが主体的・対話的で深い学びをできるようになるだろうか。

中央教育審議会の答申には、それは授業研究とカリキュラム・マネジメントを通して力量向上を図って、と書かれている。ここで、1周回って指導法の議論に拘泥してしまう旧来の授業研究の問題に直面する。

授業研究では、教師がどう指導したらいいかを議論している。目的像として子どもの主体的・対話的で深い学びを共有できても、そのための授業をどう展開したらいいのかと考え出した瞬間から、指導方法の問題に取り組まざるを得ない。1時間の授業に焦点をあてがちな授業研究の限界を超えるものとして、カリキュラム・マネジメントの提案もなされているが、その結果としてのカリキュラムをどう実践するかとなると、やはり同じ問題に直面する。

どんなに授業準備を工夫しようとも、想定外の方向で子どもの学びは展開する。力量の高い教師になるほどに、子どもの反応を楽しみ、即興的に子どもとの学びのコラボレーションを構築していくのだが、そうできない教師は少なくない。そのような教師が私に尋ねる。「どうしたらいいんでしょうか。教えてください」。

本書のもう一つのねらいは、この「教えてください」と訴える教師にどう応えたらいいかを考えたものだ。教えを請う先は教科書の指導書であったり、書店のハウ・ツー本であったり、ベテラン教師や著名講師であったりする。教えられたことを自分の身体に埋め込み、独自の手法として昇華していける教師もいるが、教えられたとおりに実践してうまくいかない、それは教えてもらった手法がいけないからだ、とハウ・ツーを求める旅にさまよう教師のほうが多い（もっと多いのは知識を伝達するだけの旧《ふる》い指導法を続ける教師だが）。

本書は主体的・対話的で深い学びを実現するための授業のハウ・ツーを提供するものではない。そのようなものを提供したらだめなのだ。では、どうしたらいいのか。

本書の結論が「リフレクション」である。OECD（経済協力開発機構）も、世界の教育モデルとみなされているフィンランドやシンガポールも、日本で学力上位を続けている秋田県も、いずれも教師のリフレクションを促し、尊重する施策を展開している。

「つまり自分で考えろということですか？　では、自分で考えた結果として今までどおりの授業を続けさせていただきます」という意見も出るだろう。そのような教師の授業を拝見すると、口を出したくなるところが山ほど出てくるのだが、その問題点を指摘しても、その教師は変わらない。自ら変えようと思わないと変わらないのだ。

困難校に勤務するほどに教師は変わりやすい。授業を変えないと児童が、生徒がついてこないからだ。荒れが拡大し、授業が成立しなくなる。その認識が学校全体で共有され、授業改善に取り組む。改善された授業には必ず子どもの主体性と対話の視点が含まれている（深い学びの実現はちょっとむずかしいのだが）。

多くの学校は、困難校にならずとも、似たような課題を抱えている。それを直視して自らの授業を見直すようにしたらいい。校長も指導主事も、モデル的な授業法を強制するのでなく、それぞれの教師が自らの授業改善を見直すように促し、教師たちは同僚と学び合いながら授業法を改善していく。この姿は「教師の主体的・対話的で深い学び」

とも言える。

主体的・対話的で深い学びは世界の潮流に乗った授業改善の視点であることを示すために、本書ではOECDに加え、ハーグリーブスやダーリングハモンドの研究に依拠した。さらにリフレクション論についてバンマネンの研究を引用している。バンマネンは1970年代にリフレクションの段階論を提起し、その後のリフレクション研究に多くの影響を与えている。バンマネンによると、より高次のリフレクションが望ましいとなるのだが、本書では低次（第1、第2段階）のリフレクションでもいいではないか、と考えている。

と言うのも、それほど努力せずとも授業がうまく流れている教師もいるからだ。子どもと波長を合わせることのできる教師は、若くても子どもを意のままに動かすことができる。目の動きだけで子どもを静かにさせるし、ひとこと口にしたら子どもはワッと一斉に学び出す。

子どもは本来的に主体的に学びに向かうものだし、主体的に学んでいると自然に友だちと対話するようになるものなのだ。子どもの本来的な特性をそのまま生かすことができれば、アクティブなクラスを構築するのはさほどむずかしいことでない。

子どもに深い学びをさせようとすると、深い教材研究が必要となる。それは、教師の生涯をかけた努力の積み重ねのなかで獲得できる奥義のようなもの（高次のリフレクション）と、とらえたほうがよい。一方、主体的な学びと対話的な学びはさほどむずかしくない。極端に言えば、肩の力を抜くだけで実現できる。そのようなアドバイスだけで変わる教師もいる。そこで機能しているのはバンマネンの第1段階リフレクションである。

しかし多くの場合、教師の意図からずれた子どもの姿が生じる。そこで子どもが主体的・対話的で深い学びに向かうために自分が何をすればよいのか、工夫するようになる。どう授業を変えればよいか、自分で出した結論を試行錯誤していく。これが第2段階リフレクションである。第1段階のリフレクションのみで授業が劇的に変わることは、ほとんどない。主体的・対話的で深い学びを実現するためには、第2段階のリフレクションまで段階をのぼることが求められるということだ。

やがて子どもが楽しく、主体的に学んでいる姿をみながら、彼らをどう伸ばしていけばよいのか、彼らの将来はどうなったらいいのかを考えるようになるだろう。その延長線上には社会のあり方も当然含まれる。それがバンマネンの考える最上位のリフレクションである。

教師である以上、その段階まで目指すことができればよいのだが、私が観察してきた教師の多くは第2段階でとどまっている。それでも、十分すばらしい実践を行っているし、優秀な教師としてみられている。

ここまでの記述で、本書がどういうことを伝えようと意図しているかが大まかにご理解いただけるはずだ。「主体的・対話的で深い学び」を実現するために、教師がどのようにリフレクションしていけばよいか、すぐに知りたい方は第6章と第7章をお読みいただければよいが、その結論に至る第5章までの記述もおもしろいと思っている。私が学校と文部科学省の間を探索し続けた成果である。

目次

第5章 子ども主語と教師主語の往還による授業改善

第6章 リフレクションの段階をのぼる

第7章 教師のリフレクションをどう促すか

第1章

信念に生き、信念にとらわれている教師たち

信念にとらわれている教師

アクティブ・ラーニング協奏曲とでも言えるブームが到来した2015年以降、私のところにもアクティブ・ラーニングの指導依頼がけっこう寄せられた。アクティブ・ラーニングで苦労している学校のほとんどは、子ども同士の「対話」が成立していないことにある。どうすれば子どもたちは対話するようになるか、その方法を教えてほしい、という趣旨が依頼の大部分だった。

そのようなニーズに応えるべく、アクティブ・ラーニングの語で伝えられている手法を、私がこれまで取り組んできた学び合いの実践例とからめながら紹介していった。要領のいい教師は、1回のレクチャーですぐにアクティブ・ラーニングを授業に取り入れるようになった。

ところが、そうはならない学校のほうが多かった。最初は「なぜこんなに簡単なことができないのか」と訝《いぶか》っていた。主体的学びや深い学びを実現するのは大変だが、子ども同士の対話的学びはそんなにむずかしくない。休み時間をみてみたらいい。子どもは仲よく対話している。しかも笑顔で。教師たちも、ワークショップ形式の研修では実にいい顔で議論している。

なのに、授業になると堅くなる。その要因は彼らの「信念」にあることに徐々に気づいてきた。対話的学びを阻害する教師の信念とは次のようなものだ。

- **教師は学習内容を、子ども間の能力差に配慮して学級集団全体が向上するように指導する必要がある**
- **子どもに対しては学習方法まで含めて、教師がきちんと指導しないといけない**
- **教師は常に子どもに規律ある行動をさせる必要がある**
- **学習成績の不振な子どもの指導はやっかいだ**
- **年間の授業のすすめ方の大枠は、指導書を参考にすべきだ**

以上の信念は、教師であれば誰しもがある程度はもっているだろう。だが、対話的学びが阻害される教室ではこの信念が肥大化している。子どもをすべてコントロールしようと考える教師が、グループのつくり方から考え方、発言の仕方まで指導する。長々と話し合いの仕方を説明したうえで（その段階で指導案の予定時間をかなりオーバーしている）、「さあ、話し合いましょう」と促す。子どもは動かない。

そこで「どうしたらいいのでしょうか」と私に相談に来るのである。信念に縛られている教師に、異なる信念を示してもなかなか変わらない。信念をどう変えるように働きかけたらいいのだろうか。

教師の信念とは

たとえば、学習指導要領において、各学校は「法令及び学習指導要領」と「児童生徒の心身の発達段階」「学校や地域の特性」を考慮して教育課程を編成するものとする、と書かれている。その記述どおりであれば校長や教師による相違は小さくなるはずだ。しかし現実の教育課程と授業は、校長によって、教師によって、大きく変わる。個人の要因が強く影響している。

クラークとピターソン（1986）は、教師の意思決定には「教師の計画」「教師の思考と解決の相互作用」に加えて「教師の理論と信念」が影響していると考えた。パジャレス（1992）は、授業場面に限らず、なぜ教師がそのように行為するかを包括的に説明し、教師間の差異を生み出している主観的認識を表す概念として「信念」を提起し、教師の行動傾向となって表出することを指摘した。

このように教師の意思決定に信念が重要な要素として機能していることを示す先行研究に加え、教師の信念にはどのようなものがあるかという先行研究も多くみられる。

教師の信念は、ポジティブな文脈とネガティブな文脈の両方で語られている。黒羽正見（１９９９）はある公立小学校教師をインタビューした。その教師は「教師は自身の授業に責任を持ち、子どもの成長を保障すべきである」「教師は、常に自分を高める努力をすべきである」「教師は自身や授業に対して誠実であるべきだ」「教師が本気で取り組めば、それ以上に子どもは応えてくれる」「教師の仕事（子どもを育てること）は、金銭には換えられない」などの関連する信念が有機的に結合した信念体系を形成していた。

そのような信念体系をもつ教師は自分の学びに貪欲だ。出張が認められなかったら年休を取って他校の授業をみに行こうとするし、盗まれたバッグの貴重品よりも授業メモの手帳を大事だと思うし、教室を訪問した人に常にフィードバックを求める。子どもも教師の熱意を受けて2日間絵を描くことに没頭する。優秀教師ということばを超えるほどのエネルギーの塊のような教師の姿を黒羽氏は描いている。

ポジティブな信念の描き方がある一方で、信念が教師をだめにするという研究もある。河村茂雄（２０００）は「～ねばならない」とするタイプの信念（イラショナル・ビリーフ）をもつことが教師の脅迫的な行動や感情に結びつき、そのような信念傾向の低い教師のほうが子どもの満足度が高いことを示している。

私が「はじめに」示した教師の信念は、河村研究をもとにしている。河村氏は教師の信念パターンとして、権威性、マニュアル主義、規則主義、自己完結性、無境界性、多忙意識、同僚との同調傾向などをあげている。

権威性を強くもつ教師は子どもに規律ある行動をさせる必要があると思っているし、権威を維持するために自分の弱みを子どもにみせないようにするし、他者からの批判に警戒心をもっている。マニュアル主義から、たとえば授業のすすめ方は教科書会社が作成した指導書を参考にすべきだと考える。学級の規則を子どもが守ることは社会性の育成につながると信じている。自己完結性とは、学級で生じた問題をなるべく担任自身が解決しようとする傾向。背後に同僚に弱みをみせたくないという意識がある。無境界性とは教師の仕事に境界はなく、勤務時間外でも必要があれば取り組まないといけないという意識のことである。その意識が多忙感につながる。

教師の信念について、研究者によってフォーカスする場面が異なると、それだけ多様な信念が登場する。

教師のあり方にフォーカスして「教えることは重要」「生徒の成功は教師次第」などの信念を明らかにしているものがあるし、教え方や学級経営に関する信念もある（クラーク＆ピターソン、１９８６）。体育指導に関する信念もあるし（朝倉、２０１６）、数学指導の信念もある（新井、２０１７）。

ダフィー（１９７７）は「構造化された信念」という考え方を示した。構造化された信念をもつ教師は授業の方法や考え方が一貫しているのに対し、信念が構造化されていない教師は一貫性に欠ける。初任教師の段階ではその信念は十分構造化されていないが、教職経験に伴い、構造化されていくという考え方なのだろう。構造化された信念を形成した教師は、その信念をなかなか変えることがない。その点が、私が多くの授業研究の場で直面してきた問題だ。

信念研究の視点は多様だが、授業に関する信念としては子ども中心か教師中心かという軸に関するものが最も多い。梶田正巳ら（１９８６）は授業ペース尺度として生徒中心型－教師中心型、思考ペース尺度として発見型－説明型、授業スタイル尺度として定型型－流動型などのパターンを示し、小学校では生徒中心型、発見型、流動型が多く、中学校では教師中心型、説明型、定型型が多いと分析している。

鹿毛雅治ら（１９９７）は教師の信念を自律性支援と行動制御の対立ととらえ、自律性支援の信念を強くもつ教師の学級で子どもが積極的に関与するダイナミックな授業が展開されていると分析している。秋田喜代美（１９９６）は授業は伝達の場ととらえる場合と生徒との共同作成の場ととらえる場合があり、前者は学生や若手教師に多く、後者はベテラン教師に多いことを指摘している。朝倉雅史ら（２０１０）は支援者型と管理者型に分かれると分析している。

これらの先行研究はいずれも、子ども中心対教師中心という対立軸の範囲内にあると解釈できる。そして教職経験が浅い場合には教師中心の信念になりやすく、教職経験を積むにしたがって子ども中心の信念に移行する傾向が指摘されている。

前述の河村氏の先行研究は、教師中心の信念がイラショナル・ビリーフにつながりやすいこと、黒羽氏の先行研究は子ども中心の信念が強固な教師の信念に発展する可能性があると解釈することができる。

学びの共同体の信念

このように信念の相違に関する先行研究を俯瞰すると、佐藤学の授業研究批判も信念の枠組みで解釈することが可能になる。

佐藤（１９９２）は「『パンドラの箱』を開く」というタイトルで旧来の日本の授業研究を批判した。佐藤氏が批判する授業研究は、合理的技術を目指すものであり、それは教師の日々の実践から遊離して、教師の阻害を誘発するものである。授業研究は指導技術の体系化を志向するものから、教師の実践に結びついた省察を促進するものに変えないといけない、と主張した。


その主張は「学びの共同体」運動に結実していく。学びの共同体の学校改革は「公共性の哲学」「民主主義の哲学」「卓越性の哲学」の三つの哲学によって基礎づけられている。佐藤氏が「哲学」と語るものが本章における「信念」と似かよっており、技術的実践を志向する授業研究と反省的実践を志向する授業研究は「哲学も原理の様式も方法も異にしている」（佐藤、１９９６）という文脈は、教師中心の信念を子ども中心の信念に転換すべきとする、ここまでの文脈と実に似ている。

佐藤氏は「学びの共同体は学校改革のビジョンであり哲学である」というように、哲学をもつならば、学びの共同体的授業と授業研究に取り組むのは必然であるかのごとく語っている。

私は佐藤氏が指導する学校を数多く拝見した。多くの著書で描かれているとおりの子ども同士の支え合う関係と深い学びの姿に感動しながら、その学校の姿が校長の交代とともに崩れやすいこともみてきた。

自身も「改革の拠点校を築いても、校長が異動すると崩れ、また別の学校で拠点校を築いても、また校長の異動で崩れる」と語っている。その状況は「今では、一部の学校を除いて、ひとたび『学びの共同体』づくりの学校改革が実現すると、校長が代わろうとも、どの学校も改革を持続させている」（佐藤、２０１２A）とのことだが、私が同行した学校をその後訪問すると、校長の交代に伴って体制が崩れている学校をみる機会はあった。

崩れにくくなったのはビジョンと哲学が定着したからだと説明しているが、私は、学びの共同体のビジョンと哲学は信念の1パターンであって、対立する信念に取って代わられる可能性を否定できないのではないかととらえている。

佐藤氏は技術的実践を志向する授業研究を反省的実践を志向する授業研究に転換することを求めているが、技術的実践を志向する授業研究で佐藤氏が批判する教師の阻害や子どもの学びからの逸脱がみられないものもある。

　つまり、佐藤氏の論理では技術的実践を志向する授業研究から反省的実践を志向する授業研究への転換が授業研究の発達段階を示すことになるが、学校としてはどちらも一つの信念であり、どちらの信念を採用するかという意思決定の問題ととらえることもできる。

信念の変容

　そうは言っても、明らかに誤っている信念は存在する。

「子どもに主体性をもたせると怠惰になりがちなので厳しく学習規律をしつけないといけない」とか「子どもが宿題をやってこないのは本人の学習意欲の欠如によるものだから、厳しい罰則を設けて宿題に取り組ませないといけない」などの信念は、殊《こと》に経験の浅い教師や養成段階の大学生に多い。そのような浅い信念の教師たちをどう変えていけばいいのだろうか。

　変わりやすいものであれば、それは信念とは言わない。若い教師は新しい方針を飲み込みやすいと言われるが、それは信念が固まっていないからだろう。そのこと自体は結構なことだ。初任をよろこんで受け入れる校長もいる。若い教師のほうが校長の方針を素直に受け入れるからだ。

しかし、変わりやすい信念のままでは確固たる実践を構築することはできない。自分自身の信念を構築していかないといけない。

問題は、教師中心の信念を構築してしまっている教師を、どう子どもへのまなざしを重視する信念に変えるかだ。教師中心の信念のままで子どもが学びを構築できる可能性はある。講義形式のまま主体的・対話的で深い学びを実現できている教師はいる。教科の力量がすばらしく高いと可能だ。

だが、そのような教師はきわめて少数だ。自分は講義形式で主体的・対話的で深い学びが実現できていないのに、できていると自己評価している教師が多い。そのような教師を変えるための戦略が必要だ。

秋田喜代美（２００９）はクラークとホリングワース（２００２）の信念転換モデル（図１）を引用しながら、他者から助言された内容を自分の中で問い直し、問題や行為のみを再解釈し、自分でデザインした対処法を実践してポジティブな子どもの反応を得たときに、信念の転換が起きると分析している。

教師の信念を変容させるのにワークショップ研修や事例をもとにした集団省察など、

図１　学習としての変化のモデル（秋田、2009、57頁）

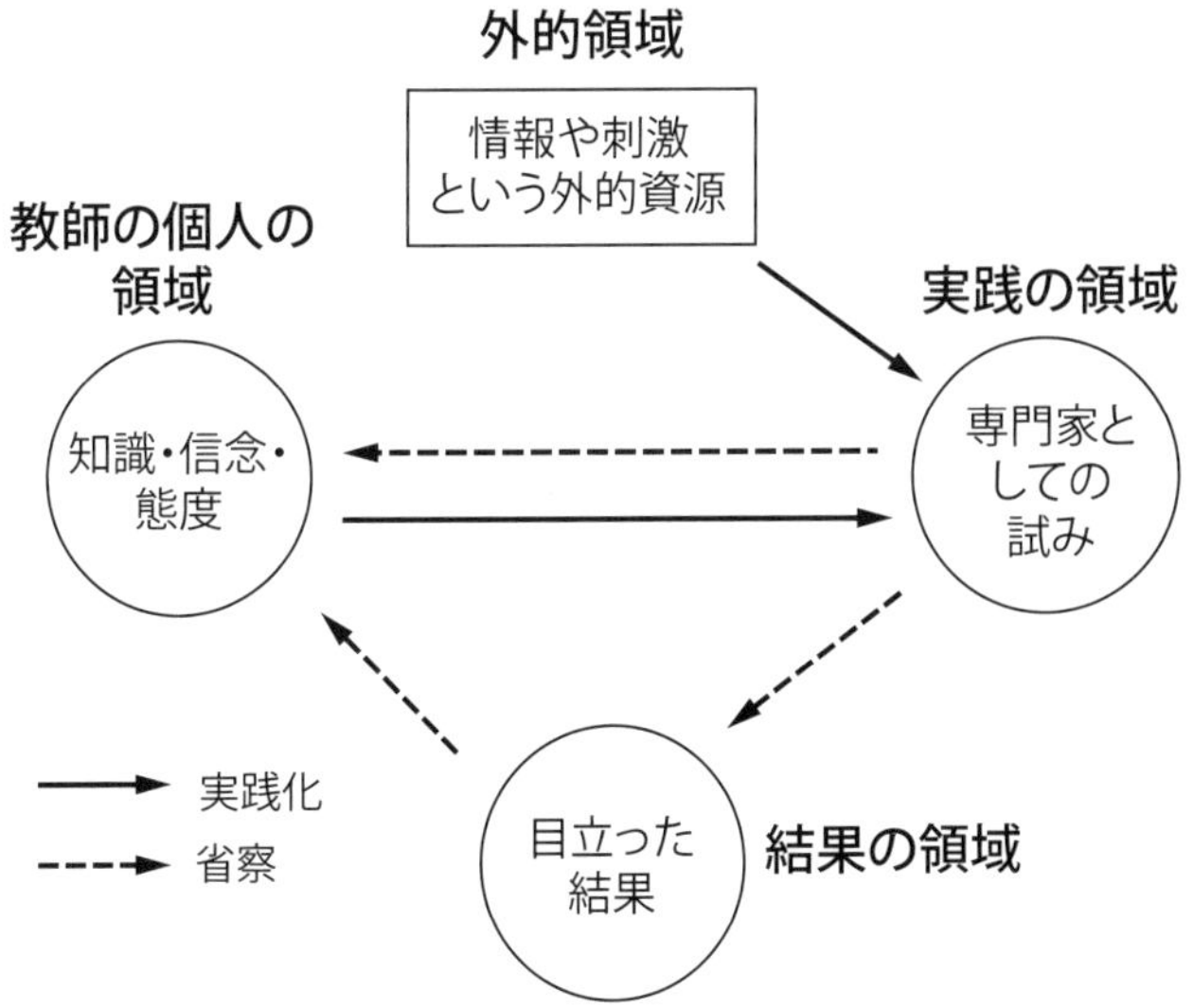

さまざまに開発されている研修手法は有効だろう。それらの意義は認めるものの、教師自らの実践に根ざした信念の転換は自らの実践をいかに省察するか、つまり「リフレクション」するかにかかっていると考えるのが自然だろう。

　このような信念の変容が生じるのに時間がかかるのは当然だろうし、多くの授業研究助言者が学校の変容に数年はかかると語っていることともつながる。学校が変わる過程とは、信念が固まっていない教師あるいは新しい信念に親和性の高い教師がその信念をいち早く受け入れ、それが他の教師の信念変容につながっていくことだ。

信念とは「教師が自らの行動と思考様式に影響を与える価値の一定の体系」と定義できる。この定義において、教員養成課程の学生が自らの教育体験をもとに「教育とは知識伝達の過程である」とか「児童・生徒を外圧により知識獲得に向かわせることで学力向上を図ることができる」という初歩的な信念をもつことも含まれるし、ある程度の教職体験や先輩の影響を踏まえて「学級経営が授業成立に与える影響は大きい」「学級経営が成立していたら児童・生徒は自主的に学習に向かうようになる」「児童・生徒の主体的学習には教師は極力関与しないほうがよい」などの信念に変容することもあれば「児童・生徒の自発的な学習は非効率な側面が多いので教師の指導は不可欠」などの信念を強めることもありうる。

多様に想定される信念が本人のリフレクションの結果として変容し、構造化される状況になることを本書は目指している。

信念を変容させるリフレクション

主体的・対話的で深い学びの実現を阻害する教師の信念がある。それを変えていく手段として本書はリフレクションを考えている。詳しくは第6章および第7章で解説するが、ここで簡単にリフレクションとはどのようなものかを解説しておく。

ドナルド・ショーンが1983年に発表した『リフレクティヴ・プラクティショナー（反省的実践家の理論）』は、それまで明示的な知識の獲得にとらわれがちであった米国の教員養成観にアンチテーゼを突きつけた。

教師の専門職性は、医者や法律家の専門職性をモデルとしながら、独自の専門職性を確立しようと努力されてきた。ショーンは、医者や法律家と教師の専門職性は異なっていると説いている。

医療や法律の世界は、人々が納得する明白な目的によって学問的に原理づけられており、医者や法律家という「メジャーな専門性の職業」は、学問の成果による技術的知識を有することが力量の向上につながる。ところが、教育や福祉や宗教の世界は、変わりやすいあいまいな目的に支配され、不安定な制度的な文脈に煩わされるため、教師や社会福祉士という「マイナーな専門性の職業」は技術的知識に頼ることが許されず、常に複雑性、不確実性、不安定さ、独自性、価値葛藤に直面している。

マイナーな専門性の職業人にとって、自らに有益な実践的知識は、学問の成果を学習することにより得るところは少なく、実践を通して実践の中の知を獲得するしかない。そこで働くのが、自らを主体的に振り返り、考える「リフレクション」である。反省的思考、内省、省察などと訳されている。教師などのマイナーな専門性の職業家は、医者や法律家とは異なる「反省的実践家」でなくてはならないと、ショーンは主張した。

ショーンによると、リフレクションの必要性は技術的合理性を適用しにくいマイナーな専門性の職業にとどまっていない。

医者や法律家などのメジャーな専門性の職業においては、医療ミスや弁護士による不祥事など、近年職業上の問題が指摘される場面が多数生じている。これらの問題の解決は、学問をいかに発展させるかという方向性よりも、専門職としての倫理や患者や顧客とのコミュニケーションのもち方など、マイナーな専門性の職業で重視されてきた技能の獲得に焦点が移行しつつある。

かくして、メジャーな専門性の職業においても、マイナーな専門性の職業においても、リフレクションによる実践的な認識や実践的な問題解決が必要な時代になっていると、ショーンは分析している（図２）。

１９８０年代以降の米国における教員研修の手法は、明示的な知識を獲得するよりも、

図２　メジャーな専門性とマイナーな専門性（千々布、2005、70頁）

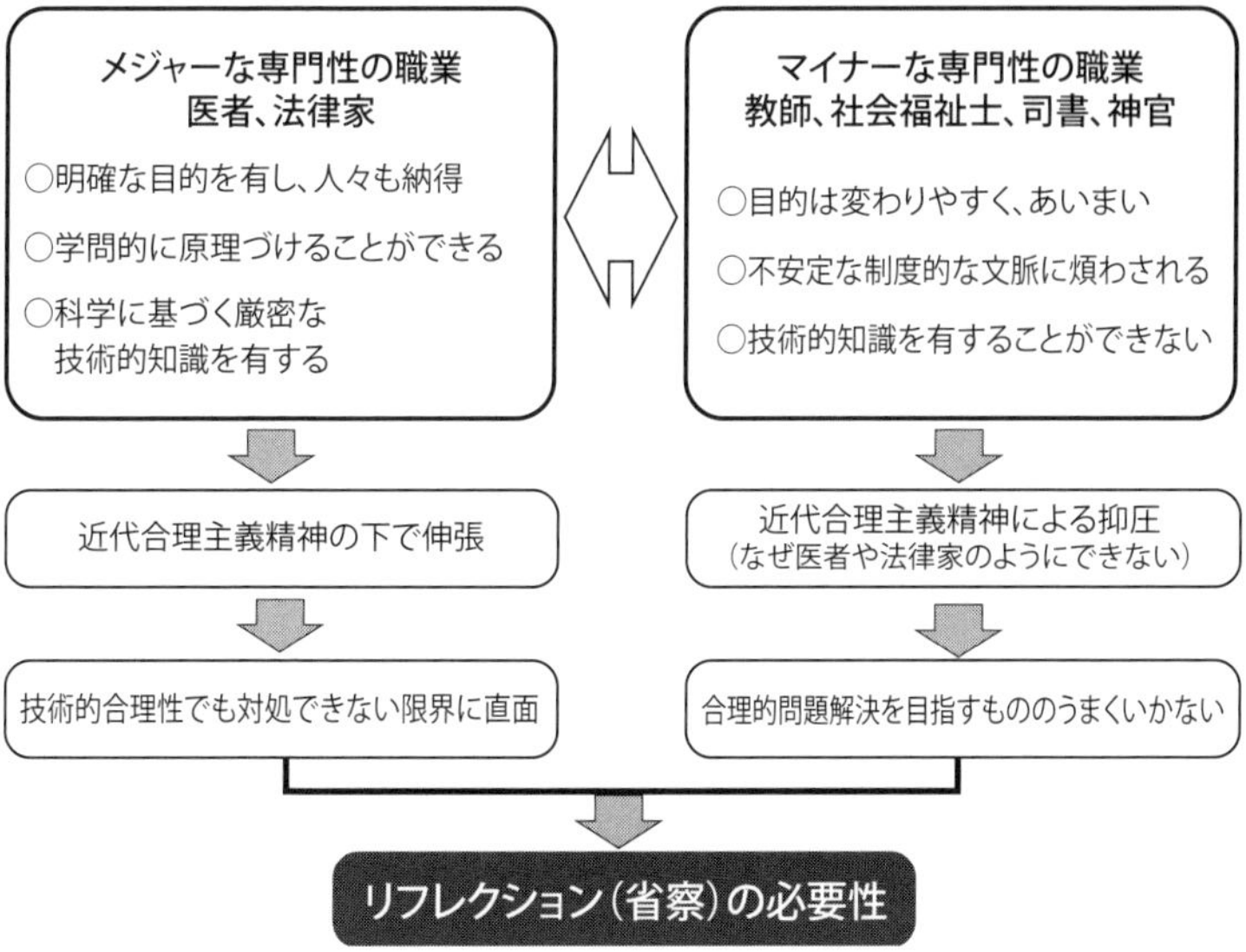
メジャーな専門性の職業
医者、法律家
○明確な目的を有し、人々も納得
○学問的に原理づけることができる
○科学に基づく厳密な
技術的知識を有する
マイナーな専門性の職業
教師、社会福祉士、司書、神官
○目的は変わりやすく、あいまい
○不安定な制度的な文脈に煩わされる
○技術的知識を有することができない
近代合理主義精神の下で伸張
近代合理主義精神による抑圧
（なぜ医者や法律家のようにできない）
技術的合理性でも対処できない限界に直面
合理的問題解決を目指すもののうまくいかない
リフレクション（省察）の必要性

指導者との対話を通じて授業への理解を深めるもの、学校全体で授業のあり方について考察するものなどの手法が増えている。日本の授業研究が世界的に注目されるようになった流れも、ショーンの影響を無視できない。

なお、リフレクションは子どもにも求められる。主体的・対話的で深い学びの観点による授業改善がすすむにつれ、授業の最後に子どもが振り返りを行う教室が増えてきている。これは子どものリフレクションである。

結論

本書の目的

教師の信念をどう変えることができるのか、そのために教師はどうリフレクションしたらいいのか。指導者や助言者は教師のリフレクションをどうファシリテーションしたらいいのか。その戦略を、授業研究を中心に考えていくのが本書の目的である。

改訂学習指導要領が提起したのは、多くの教師が有している「教育の目的は児童・生徒の知識獲得が第一である」「思考力・判断力・表現力の獲得は知識の獲得がないと困難になる」「そのために必要なのは知識を伝達する講義形式の授業である」「知識伝達の授業が児童・生徒に受け止められないのは児童・生徒側の責任であり、教師側に責任はない」という信念を、「児童・生徒が主体的・対話的で深い学びができる授業を提供しないといけない」という信念に変えることである。

この信念の変容はたいへんむずかしいが、日本の教育界の歴史が継続して目指してきたものだと言ってよい。

学習指導要領は教育内容について国が設定する基準であり、テキストである。学習指導要領が設定する知識基準を教師が踏まえていない場合は「学習指導要領（あるいは学習指導要領解説）を読んでください」という指導ですむが、信念の変容は一方向的な知識伝達では達成できない。

教師が自らの信念に疑問を抱き、リフクレクションと実践の往還を経て初めて可能になるものである。中教審答申はそこで授業研究を提案しているが、教師の学習の場である授業研究が知識偏重の信念に支配されている場合、信念の変容を得ることはむずかしい。

本書が目指す教師の姿は「主体的・対話的で深い学び」の視点で自らの授業を見つめ直し、信念を変容させ続けるものである。そのためにどのように教師に働きかけたらいいのか、その戦略を考えていく。

第2章

「主体的・対話的で深い学び」の成立

学習指導要領における「主体的・対話的で深い学び」の定義

今次改訂の学習指導要領（総則）において「各教科等の指導にあたっては、次の事項に配慮するものとする。（中略）単元や題材など内容や時間のまとまりを見通しながら、児童の主体的・対話的で深い学びの実現に向けた授業改善を行うこと」と記述されている。

また、各教科の指導計画の作成と内容の取扱いにおいて「単元など内容や時間のまとまりを見通して、その中で育む資質・能力の育成に向けて、児童の主体的・対話的で深い学びの実現を図るようにすること」と記述されている。

実は、学習指導要領の中でこのことばに言及しているのは、ここだけだ。つまり、学習指導要領では「主体的・対話的で深い学び」の定義を書いていない。このことばについて説明しているのは、学習指導要領解説である。「小学校学習指導要領解説一般編」および「中学校学習指導要領解説一般編」は、次のように記している。

主体的・対話的で深い学びの実現に向けた授業改善の具体的な内容については、中央教育審議会答申において、以下の三つの視点に立った授業改善を行うことが示されてい

る。教科等の特質を踏まえ、具体的な学習内容や児童の状況等に応じて、これらの視点の具体的な内容を手掛かりに、質の高い学びを実現し、学習内容を深く理解し、資質・能力を身に付け、生涯にわたって能動的（アクティブ）に学び続けるようにすることが求められている。

① 学ぶことに興味や関心を持ち、自己のキャリア形成の方向性と関連付けながら、見通しをもって粘り強く取り組み、自己の学習活動を振り返って次につなげる「主体的な学び」が実現できているかという視点。

② 子供同士の協働、教職員や地域の人との対話、先哲の考え方を手掛かりに考えること等を通じ、自己の考えを広げ深める「対話的な学び」が実現できているかという視点。

③ 習得・活用・探究という学びの過程の中で、各教科等の特質に応じた「見方・考え方」を働かせながら、知識を相互に関連付けてより深く理解したり、情報を精査して考えを形成したり、問題を見いだして解決策を考えたり、思いや考えを基に創造したりすることに向かう「深い学び」が実現できているかという視点。

また、主体的・対話的で深い学びは、必ずしも1単位時間の授業の中で全てが実現されるものではなく、単元や題材など内容や時間のまとまりを見通して、例えば、主体的

に学習に取り組めるよう学習の見通しを立てたり学習したことを振り返ったりして自身の学びや変容を自覚できる場面をどこに設定するか、対話によって自分の考えなどを広げたり深めたりする場面をどこに設定するか、学びの深まりをつくりだすために、児童が考える場面と教師が教える場面をどのように組み立てるか、といった観点で授業改善を進めることが重要となる。すなわち、主体的・対話的で深い学びの実現に向けた授業改善を考えることは単元や題材など内容や時間のまとまりをどのように構成するかというデザインを考えることに他ならない。

最初に①から③の記述のみを読んだとき、私は「こんな高度な学びが実現できている児童・生徒はほとんどいない！」となかば激怒した。文部科学省担当者の所に教えを請いに（苦情を訴えに）行ったのだが、見事に諭されてしまった。

これらは主体的・対話的で深い学びの条件ではなくて授業改善の視点だ、と言うのだ。確かに「以下の三つの視点に立った授業改善を行うことが示されている」と書かれているし「これらの視点の具体的な内容を手掛かりに、質の高い学びを実現し、学習内容を深く理解し（中略）学び続けるようにすることが求められている」とも書かれている。

そのことを了解すると同時に、私はそもそもこのことばの登場はアクティブ・ラーニングという教育方法の提言があったのに、それがどう変容したのだろうかと疑問に思った。

「アクティブ・ラーニング」から「主体的・対話的で深い学び」へ

学習指導要領改訂に向けて、２０１４年11月に行われた中央教育審議会（総会）への文科大臣からの諮問は次のようなものである。

新しい時代に必要となる資質・能力の育成に関連して、（中略）必要な力を子供たちに育むためには、「何を教えるか」という知識の質や量の改善はもちろんのこと、「どのように学ぶか」という、学びの質や深まりを重視することが必要であり、課題の発見と解決に向けて主体的・協働的に学ぶ学習（いわゆる「アクティブ・ラーニング」）や、そのための指導の方法等を充実させていく必要があります。こうした学習・指導方法は、知識・技能を定着させる上でも、また、子供たちの学習意欲を高める上でも効果的であることが、これまでの実践の成果から指摘されています。（中略）

以上のような問題意識の下、今般、新しい時代にふさわしい学習指導要領等の在り方について諮問を行うものであります。

具体的には、以下の点を中心に御審議をお願いいたします。

第一に、教育目標・内容と学習・指導方法、学習評価の在り方を一体として捉えた、新しい時代にふさわしい学習指導要領等の基本的な考え方についてであります。

これからの学習指導要領等については、必要な教育内容を系統的に示すのみならず、育成すべき資質・能力を子供たちに確実に育む観点から、そのために必要な学習・指導方法や、学習の成果を検証し指導改善を図るための学習評価を充実させていく観点が必要であると考えられます。このように、教育内容、学習・指導方法と学習評価の充実を一体的に進めていくために求められる学習指導要領等の在り方について、御検討をお願いします。その際、特に以下のような視点から、御検討をお願いします。

○ これからの時代を、自立した人間として多様な他者と協働しながら創造的に生きていくために必要な資質・能力をどのように捉えるか。その際、我が国の子供たちにとって今後特に重要と考えられる、何事にも主体的に取り組もうとする意欲や多様性を尊重する態度、他者と協働するためのリーダーシップやチームワーク、コミュニケーションの能力、さらには、豊かな感性や優しさ、思いやりなどの豊かな人間性の育成との関係をどのように考えるか。また、それらの育成すべき資質・能力と、各教科等の役割や相互の関係はどのように構造化されるべきか。

○ 育成すべき資質・能力を確実に育むための学習・指導方法はどうあるべきか。その

際、特に、現行学習指導要領で示されている言語活動や探究的な学習活動、社会とのつながりをより意識した体験的な活動等の成果や、ICTを活用した指導の現状等を踏まえつつ、今後の「アクティブ・ラーニング」の具体的な在り方についてどのように考えるか。また、そうした学びを充実させていくため、学習指導要領等において学習・指導方法をどのように教育内容と関連付けて示していくべきか。

○育成すべき資質・能力を子供たちに確実に育む観点から、学習評価の在り方についてどのような改善が必要か。その際、特に、「アクティブ・ラーニング」等のプロセスを通じて表れる子供たちの学習成果をどのような方法で把握し、評価していくことができるか。

「初等中等教育における教育課程の基準等の在り方について（諮問）」

上記の引用部分だけでアクティブ・ラーニングの語が登場するのは３箇所。諮問文全体では４箇所登場している。いかにこのことばがキーワードとして意図されていたかがわかるだろう。それが２０１５年８月の論点整理の段階で「指導法を一定の型にはめ、教育の質の改善のための取組が、狭い意味での授業の方法や技術の改善に終始するのではないかといった懸念」が示され、アクティブ・ラーニングの語は「主体的・対話的で深い学び」の語へと変容していく。

私はアクティブ・ラーニングという語の登場の当初から違和感を抱いてきた。私が今の職に就いて20年になる。新しい学力観、生きる力、学力低下論争、目標準拠評価、言語活動の充実などの流れは、直接従事したわけではないが、同僚や先輩が従事し苦労しているのをそばでみてきた。教育課程行政のナマの姿を見続けてきた身にとって、2014年の諮問文は違和感だらけだったのだ。

文科省はヨコ文字を嫌う。コミュニティ・スクールとは法律上、「学校運営協議会制度」のことであり、SDGsは「持続可能な開発目標」である。最近でこそ、Society 5.0、GIGAスクール構想などの横文字が登場しているが、当時の空気としては十分に違和感があった。

遠からず和語に変わるだろうという予想どおりに、アクティブ・ラーニングは主体的・対話的で深い学びに変容したのだが、今度はこの語の意味の理解に苦しんだ。

たとえば「主体的・対話的な深い学び」となっていたら、少しわかりやすくなったかもしれない。目指すのは「深い学び」であり、それに子どもの主体性と対話的学びが加わることで深い学びが達成されやすくなる、あるいは主体的で対話的な学びであることが深い学びの条件である、と解釈できる。

事実上の中間報告である論点整理公表後の２０１６年６月の（中教審）教育課程企画特別部会で「主体的・対話的で深い学び」という語が出た。５月の部会では「『深い学び』『対話的な学び』『主体的な学び』に向けた学習・指導の改善充実」と記していたので、６月の第17回部会がこの語が登場した最初の会になる。

この日は私と同じ感覚の意見が委員から出ている。

「この日本語、何となくどうかなと。『主体的・対話的な深い学び』なら、何となく日本語として（中略）『主体的な学び』や『対話的な学び』を通して『深い学び』をしていくんだと思うんですけれども、そうするとイメージとしては、三つが同じ並列ではなくて、『主体的・対話的な学び』があって、それを包括する形で『深い学び』になっていくんじゃないかと思うんですが、絵の描き方で言うと何か三つが置かれているので、理解しづらいんじゃないかなと思うんです」（山口香委員）。

この発言に対する文科省事務局の回答は「『主体的な』ということ、『対話的な』ということが、ある意味、深さの実現に資するものとして捉えるべきという御見解と、一方で、『主体的な学び』ということは一つの学びのエンジンとして極めて基盤になるものであるので、それはそれとして並列的に言っておくべきではないかという御見解と、あるところでございます」というものであった。事務局説明の後者の見解が最終的に学習指導要領に記載されることになった「主体的・対話的で深い学び」の理念を語っている。

後日談になるが、最近、私のこのことばをめぐる思索遍歴を学習指導要領改訂に直接かかわった方に報告して意見を求めたところ「自分たちはずっと議論を続けていたから、当然そのような意味で使っていて、それがあなたの言うように伝わりにくい言葉だと思うことはなかった」と返答されたことがある。

私は気になったら同じ建物内に尋ねることのできる相手がいる。その私がこれだけ理解するのに苦労したのだ。世の中の教育関係者にこのことばの意味がきちんと理解できていない人は多いに違いない。

指導方法から授業改善の視点へ

前節で、学習指導要領解説における主体的・対話的で深い学びに関する記述は指導方法の条件でなく授業改善の視点であることを、私は読み取ることができていなかったと自省を込めて白状した。

中教審議事録を読み直すと、私と同じような意見が市川伸一委員から発言されている。「これは質問になるんですけれども、最近は『アクティブ・ラーニングの視点』という、『の視点』が付いていることが急に多くなったなと思っているのですが、『アクティブ・ラーニングの視点』ということの意味合いを改めて御説明いただきたいんです。『アクティブ・ラーニング』ってずばり単独で使わずに、『の視点』という言葉を多分強調されていると思いますので、その意味合いのようなことを確認させていただけますか」。

この質問に対する文科省担当者の回答は「御指摘のとおりでございますけれども、論点整理におきまして、指導方法の不断の見直しということで、特定の、何かしら型に沿ったことを型どおり実現することがアクティブ・ラーニングの趣旨ではなく、授業を不断に改善していくための視点であるという観点から論点整理をおまとめいただいたことを踏まえまして、『アクティブ・ラーニングの視点』というようなことで整理をさせていただいたところでございます」（２０１６年7月、第18回教育課程企画特別部会）。

このやりとりは中教審における議論の文脈が徐々に変容していたことを示している。初期の審議においては（２０１５年3月、第４回同部会）、論点として「『アクティブ・ラーニング』などの新たな学習・指導方法や、このような新しい学びに対応した教材やう文脈であった。

評価手法の今後の在り方についてどのように考えるか」のように、指導方法の論議とい

　ところが半年ほど議論が続いた後の会（２０１５年7月、第12回同部会）では「（アクティブ・ラーニングについて）こうした指導方法を焦点の一つとすることについては、育成すべき資質・能力を総合的に育むという意義を踏まえた積極的な取組が広がる上で重要との指摘がある一方で、指導法を一定の型にはめ、教育の質の改善のための取組が単なる手法や手練手管に終始するのではないかといった懸念なども示されているところである」「このような中で次期改訂が学習・指導方法について目指すのは、特定の型を普及させることではなく、下記のような視点に立って学び全体を改善し、子供の学びへの積極的関与と深い理解を促すような指導や学習環境を設定することであり、それを教員一人一人が工夫して実践できるようにすることである」と記述したうえで、深い学び、対話的学び、主体的学びという、今日の枠組みにつながる記述が続いている。

　また、同じ教育課程企画特別部会第12回の資料では、主体的学びについて「子供たちが見通しを持って粘り強く取り組み、自らの学習活動を振り返って次につなげる、主体的な学びの過程が実現できているかどうか」と記述している。

最終答申（「幼稚園、小学校、中学校、高等学校及び特別支援学校の学習指導要領等の改善及び必要な方策等について」２０１６年12月）の「学ぶことに興味や関心を持ち、自己のキャリア形成の方向性と関連付けながら、見通しを持って粘り強く取り組み、自己の学習活動を振り返って次につなげる『主体的な学び』が実現できているか」と大枠は同じである。

対話的学びについては「他者との協働や外界の情報との相互作用を通じて、自らの考えを広げ深める、対話的な学びの過程が実現できているかどうか」と記述されており、最終答申の「子供同士の協働、教職員や地域の人との対話、先哲の考え方を手掛かりに考えること等を通じ、自己の考えを広げ深める『対話的な学び』が実現できているか」とある程度共通する記述となっている。

深い学びについては「習得・活用・探究という学習プロセスのなかで、問題発見・解決を念頭に置きつつ、深い学びの過程が実現できているかどうか」と記述されており、最終答申の「習得・活用・探究という学びの過程の中で、各教科等の特質に応じた『見方・考え方』を働かせながら、知識を相互に関連付けてより深く理解したり、情報を精査して考えを形成したり、問題を見いだして解決策を考えたり、思いや考えを基に創造したりすることに向かう『深い学び』が実現できているか」と比べると、見方・考え方の有無などで相違がある。

つまりは、主体的・対話的で深い学びの発想は、主体的学び、対話的学び、深い学びのそれぞれでプロトタイプの定義から徐々に練り上げられていって答申文の記述に収束したと解釈できる。

アクティブ・ラーニングはなぜ消えた？

諮問時における指導方法としての「アクティブ・ラーニング」の語は答申段階で学習形態としての「主体的・対話的で深い学び」に代わられた。私は、以上の議論が日本の授業研究を通じた授業改善の歴史を尊重したものでありながら、いわゆるアクティブ・ラーニングの意義を必要以上に軽視するものになっていたのではないかと危惧している。

私はアクティブ・ラーニングの語を目にした当初、「なんだこれは？」という感覚だった。文科省の文書は伝統的に和語で表現されていたこともあるし、定義が不明瞭なことばが使われていることにも違和感があった。主体的・対話的で深い学びも理解するのに苦労したが、実は私の思索の過程の当初は、アクティブ・ラーニングってなんだ？ということだった。

調べてみると、溝上慎一・京都大学教授（当時。現桐蔭学園理事長、桐蔭横浜大学長・教授）が推進している概念らしい。溝上氏の論が高等教育と高等学校教育におけるアクティブ・ラーニング導入に影響していたこともわかった。そこで、私は京都に数度通い、溝上氏の考えを学ぶことにした。

結果は主体的・対話的で深い学びに関する文科省担当者との対決同様、私は返り討ちに遭い、一転してアクティブ・ラーニングファンになってしまったのだ。

「アクティブ・ラーニング」が「主体的・対話的で深い学び」となったときは「アクティブ・ラーニングをなぜ消した！」と叫んでいた。

多様なアクティブ・ラーニングの定義

中教審がアクティブ・ラーニングについて議論した際（2015年4月、第92回教育課程部会）に、次のような発言があった。

「一方には非常に緩い、広い定義があります。つまり一斉講義式の授業とか、あと生徒が黙々と問題演習をするというような授業でないものは、全てアクティブ・ラーニングだと、能動的な活動が入っていれば全てアクティブ・ラーニングだという定義が一方ではあると。一方ではもう少し厳しい条件がついていて、協働学習を入れるとか、あるいは問題解決を行う、しかもその問題解決というのにも、高次の問題解決を行うという相当厳しい条件がついたもの、これをアクティブ・ラーニングと言うというふうに書いてあるものもある」（市川伸一委員）。

アクティブ・ラーニングについては多様な先行研究があるが、この発言はその全容を簡潔に表現している。

広い定義と言えるのが溝上慎一（２０１４）のことばである。溝上氏は「一方向的な知識伝達型講義を聴くという（受動的）学習を乗り越える意味での、あらゆる能動的な学習のこと。能動的な学習には、書く・話す・発表するなどの活動への関与と、そこで生じる認知プロセスの外化を伴う」と定義している。

これを読むと「講義形式の授業でも能動的学習があるのではないか」「認知プロセスの外化はアクティブ・ラーニング以外でも可能ではないか」と言いたくなる。

本人に確認したところ、著書にすでに書いているとのこと。読み直すと確かに講義形式においても能動的学習はあると指摘し「ぼうっと聞いているだけ」の受動的学習を批判している。後者の疑問について主張しているのは授業形態ではなく学習形態、ということである。そこで、授業形態を表現する際にアクティブ・ラーニング型授業と称し、アクティブ・ラーニングは学習概念だと差異化している。

この定義だけで溝上氏の考え方は理解しにくい。なぜこの概念を提起するようになったのかは、自身の長年のトランジション研究が背景にある。トランジションとは学校教育から社会生活への移行のことを意味している。京都大学を初めとして、高度の学校教育を受ける学生たちのなかで社会生活に適応しがたい現状を数多く目にしてきた溝上氏は、学校教育から社会生活への移行（トランジション）能力の意義と、それを育成するために大学教育だけでなく初等中等教育の転換の必要性を感じ、それをアクティブ・ラーニングの語で表現している。

杉江修治（２０１１）は自身のすすめる「協同学習」の意義を次のように説明している。協同学習は「授業の進め方の技法に関する理論でなく、学校のすべての場面における子どもの学習に対する支援の基盤にある基本原理に関する理論」だと。そのうえで「集団の仲間全員が高まることをメンバー全員の目標とする」ことを基礎においた実践すべてが協同学習である、と定義している。

三宅なほみらは「建設的相互作用を通して一人ひとりの児童生徒が自分の考えを深める」ことを「協調学習」と称し、その手法の一つとして「知識構成型ジグソー法」を提唱している（三宅ほか、２０１６）。

佐藤学（２０１２Ｂ）は「学びの共同体」について「子どもたちが学び育ち合う学校であり、教師も専門家として学び育ち合う学校であり、さらに保護者や市民も学校の教育活動に参加して学び育ち合う学校」と定義している。このビジョンを達成するために、教室においては協同する学びの実現、職員室においては教師が授業実践に創意的に挑戦し批評し学び合う同僚性の構築、保護者や市民が授業実戦に参加して教師と共同する学習参加の取り組みを行っていく。協同する学びとは、子ども一人ひとりの学びの権利を保障することを第一とし、そのために聴き合う関係や学び合う関係を構築することである。

市川伸一（２００８）は浅い理解から深い理解に移行することを意図した授業方法として「教えて考えさせる授業」を提案している。なぜそのような授業形態を主張するかというと、教えることを控えて子どもの問題解決能力に期待した授業で、結果として子どもの理解が不十分なまま終わっている授業が多いことを指摘している。

以上の各氏を取り上げたのは、それ以外のアクティブ・ラーニングの語を冠して語られている諸説の多くが手法を中心として語られているところによる。高等教育に関するアクティブ・ラーニング関連の答申を根拠にしてアクティブ・ラーニングの必要性を論じ、自身の手法がその一つだという趣旨で語っている論者がいるし、自身の授業の行き詰まりを端緒に開始したアクティブ・ラーニングの手法を、溝上氏の定義を引用しながら紹介している論者もいる。

上記の私の整理はアクティブ・ラーニングの説明の仕方が大きく二分できることを示そうとしたものだ。前者は変えるべき理念をまず示し、その手段の一つとしてアクティブ・ラーニング的な手法を提案している。後者はアクティブ・ラーニングの意義を国の方針などをもとに示し、自身の手法や指導の型を提案している。

とくに後者の手法中心の主張が「指導法を一定の型にはめ、教育の質の改善のための取組が単なる手法や手練手管に終始するのではないかといった懸念」を中教審に感じさせるに至ったとみている。

主語は子ども？　教師？

前節では、アクティブ・ラーニングに関する論者を理念から語る論者と手法から語る論者に分けた。別の分け方もある。主語を子どもとして語る論者と教師として語る論者の分け方だ。

溝上慎一と杉江修治の論が子どもを主語にしていることは明らかである。

佐藤学は子ども、教師、保護者、地域社会をそれぞれ主語にして学びの共同体論を構築している。佐藤論において教師が主語となる場合は、教師が同僚性を構築し互いに学び合う関係を構築することを語っており、子どもの学びを使役動詞で「〜しないといけない」「〜させる」などの文脈で語ってはいない。

対して、いわゆるアクティブ・ラーニングと称して実践を紹介するものは、教師を主語とし、教師がどのように教材を用意し、子ども同士で学び合う体制をどのように指導しているかを記述している。

主語を教師とするか、子どもとするかの議論は、学習指導要領においてもみられた。と言うよりも、今回改訂の目玉と言ってもよい。中教審における審議の初期（2015年3月、第4回教育課程企画特別部会）、委員から「指導要領を初めて見たときに、何で使役動詞が多いんだろうと思った」との発言があった（羽生佐和子主査）。

最終答申では「まず学習する子どもの視点に立ち、教育課程全体や各教科等の学びを通じて『何ができるようになるのか』という観点から、育成を目指す資質・能力を整理する必要がある。その上で、整理された資質・能力を育成するために『何を学ぶか』という、必要な指導内容等を検討し、その内容を『どのように学ぶか』という、子供たちの具体的な学びの姿を考えながら構成していく必要がある」と記述している。

できあがった学習指導要領はかなりの部分で主語を子どもとする改訂を行っている。２００８年改訂版で「〜を育てる」と記述されていたのが、２０１７年改訂版では「〜ができるようにする」「〜を身に付けるようにする」「〜を養う」となっている。２００８年改訂版では「次の事項について指導する」と記述されていたのが、２０１７年改訂版では「次の事項を身に付けることができるよう指導する」となっている。

もっとも、今次改訂は全面的に教師主語を子ども主語に変えたのではない。従前より「できるようにする」「分かる」「考えるようにする」「関心を持つ」「（感覚・経験を）豊かにする」「能力を伸ばす」「感じ取るようにする」「味わうようにする」など、多彩な子どもを主語とする述語で学習指導要領の内容は記述されていた。

教科により表記の仕方が異なっていたのを、子ども主語という観点で統一的な表記にしたのが今次改訂と解釈できる。

資質・能力検討会における議論

子どもを主語にして議論すべきという視点は、中教審の前に開催されていた「育成すべき資質・能力を踏まえた教育目標・内容と評価の在り方に関する検討会」（２０１２年から２０１４年）で明確化したのではないかと思われる。

この検討会は、その名のとおり育成すべき資質・能力について議論することが主目的だった。その議論のなかで教科横断的な資質・能力と教科固有の知識・技能の意義が、時に背反的に、時に相互補完的に議論された。

いずれの立場においても、これまでの学習指導要領が内容中心に記述されており、育成すべき子どもの資質・能力の視点が弱かったとの見方は一致している。

検討会では「学校の教育目標がお題目的で、実質性を持っていない。（中略）その一因は、教科内容を教えた結果について、育成すべき資質・能力や、子どもが成長した姿で語られていないことにある」との発言があった。この発言は学校の教育目標達成やカリキュラム・マネジメントに関するものだろう。

また、学習指導要領における目標の示し方が「内容スタンダード」となっており、内容を身につけた結果としての「パフォーマンス・スタンダード」に転換すべきとの意見もあった。資質・能力とは子どもが必要な場面で、主体的に繰り返し活用することによって身につくものだとの発言もあった。
これらの発言は育成すべき資質・能力を記述しようとするならば子どもの具体の学びの姿で記述すべきとの考え方である。

以上のように子どもを主語にして議論すべきという主張は、検討会の最終報告である論点整理において特別な項目を立てるには至らなかったものの、検討会の委員と文科省事務局において共通した認識となっていたのではないかと思われる。

結論　「主体的・対話的で深い学び」は教師主語から子ども主語への転換

以上の考察から、新しい学習指導要領の「主体的・対話的で深い学び」のことばの意義は、教師を主語として考えがちであった授業改善の議論を、子ども主語に転換するものだとまとめることができる。

今次学習指導要領の改訂にあたっては、知識に偏した教え込みの授業への問題意識があった。それを転換する鍵として、諮問段階では指導方法としての「アクティブ・ラーニング」が想定されていたが、審議の進行に伴い、指導方法を提案することによる授業改善の限界が明らかになってきた。

そこでクローズアップされてきたのが子どもの学びへの焦点化である。子どもがどのように学んでいるかを目標像として示すことができれば、それに向けた授業改善はアクティブ・ラーニングでも従来どおりの指導方法でもよい、という考えにシフトし、主体的・対話的で深い学びのことばに決着した。

実は、教師主語から子ども主語への転換の流れは、日本だけではない、世界的な流れでもある。その概要を次章でみていく。

第3章

子どもを主語にする世界の潮流

OECDラーニング・コンパスと学習者エージェンシー

ここまで「主体的・対話的で深い学び」とは、子どもを主語にしたものであり、中央教育審議会は子どもを主語にした記述により授業改善を図ってきたことを解説した。その流れは日本だけではない。

OECD（経済協力開発機構）が2019年5月に公表した「OECDラーニング・コンパス2030」はその典型だろう（図3）。新しい教育の指標を示したその文書は、教育指導のあり方でなく、教科のあり方でもなく、児童・生徒の学びの姿を未来像として示した。

このプロジェクトは「OECD Future of Education and Skills 2030」という名称だから、当初求めていたのは教育のあり方に違いない。だが、教育のあり方について議論した結果、示すべきは子どもの学習のあり方となった。

Education 2030の報告書によると、ラーニング・コンパスは「評価の枠組みでなく学習の枠組みを示している」と記している。ラーニング・コンパスが示す学習の成果には測定が困難なものが含まれることを認め、測定できないものに価値を認めようとしてい

図3　ラーニング・コンパス（OECD、2019）を白井（2020、74頁）が翻訳

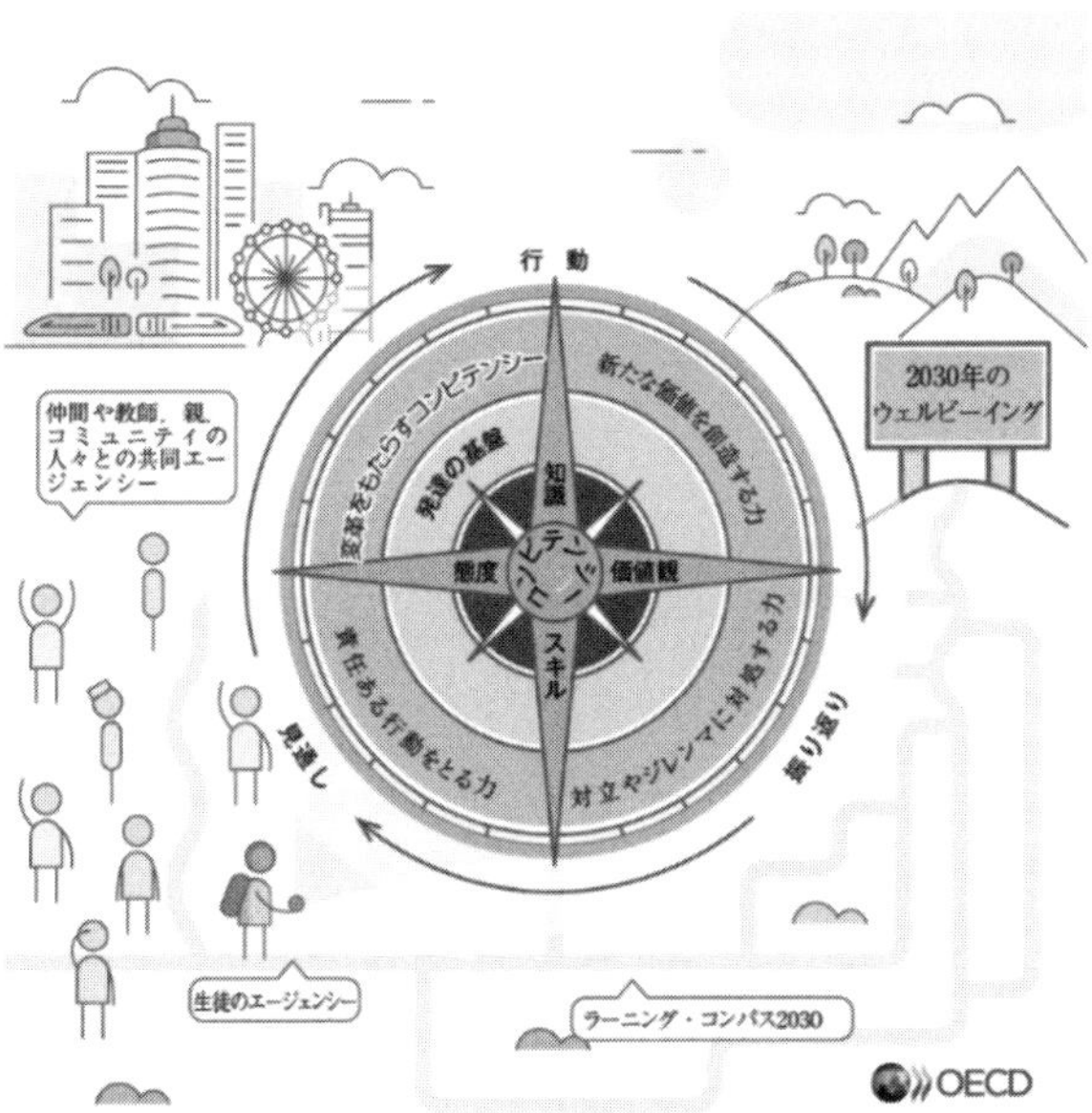

る。今日の高大接続改革における入試問題の困難さに通じる課題意識である。

　ラーニング・コンパスの中心概念に「学習者エージェンシー」がある。エージェンシーとは日本語では代理店の意味で使用される場面が多いが、ここでの意味は主体性である。既存の社会的文脈のなかで主体的に問題解決に取り組む姿勢をエージェンシーと称している。

　Education 2030の報告書は「これまでの研究から、あらゆる学習者がエージェンシーを発揮し、自らが持つ可能性を発揮できる方向へ進むために、生徒は学びの中核的な基盤を持っていなければならないことが判明しています」と記している。

エージェンシーは社会的な文脈と密接に関係するので、個人だけでエージェンシーを発揮することはできない。仲間や社会メンバーとともに共同エージェンシーを発揮する必要がある。

学習者エージェンシーについて日本語で解説している研究者は溝上慎一と白井俊に限られる。

溝上氏はホームページ（「溝上慎一の教育論」）で、Education 2030における学習者エージェンシーについて「学習者（生徒学生）が複雑で不確かな世界を歩んでいく力のことであり、自らの教育や生活全体、社会参画を通じて、人びとや物事、環境がより良いものとなるように影響を与える力」と解説している。そのために「進んでいくべき方向性を設定する力」と「目標を達成するために求められる行動を特定する力」が必要としている（溝上、２０１９）。

白井氏は文部科学省からOECDに派遣されていた時期にEducation 2030事務局を務め、帰国後は教育課程課で学習指導要領解説の作成に携わった、このテーマに関する最も中心的人物である。2020年に『OECD Education2030プロジェクトが描く教育の未来』を刊行し、OECDプロジェクトの意義を日本の文脈に引き寄せて解説している。同書によると、エージェンシーとは「変化を起こすために、自分で目標を設定し、振り返り、責任をもって行動する能力」のことであり、生徒が自ら目標を設定して、単に自分たちの欲求を実現することではなく、その属する社会に対して責任を負うことが重要であり、その意味において日本語の主体的という言葉と異なると解説している。

白井氏はOECDの中でこの概念がどのように構築されてきたかも描いている。2015年、イギリスの教育実践家・リードビーターが、現在の教育システムは教師による一方向的な授業が中心であり、真の学びにつながっていないという危機意識を前提にして、①知識、②自己に関するスキル、③社会的スキル、④エージェンシーの概念を提案したことが議論の始まりであったとのこと。その後この概念に関する研究者が招聘《へい》され、2019年までかけて練り上げられたらしい。

知識と自己に関するスキルを深い学び、社会的スキルを対話的学び、エージェンシーを主体的学びに対応させると、日本の文脈と似た議論がOECDでも行われていたことになる。

共同エージェンシー、教師エージェンシー

学習者エージェンシーの議論では、これが他者や社会との関係性のなかで育まれることも議論された。家庭や地域の状況などミクロなことだけでなく、国の経済や文化などマクロなことまで含めた、他者や社会との関係性のなかで、自分だけの考えに陥らないようにしたり、自らの行動を社会的な規範に照らして律したりすることも必要だと考えられている。教育基本法における「平和で民主的な国家及び社会の形成者」も視野に入れた概念となっている。

このことをEducation 2030の報告書では「共同エージェンシー」と称している。エージェンシーを育むことは目的であると同時にプロセスであり、家族や仲間、教師との時間をかけた相互のやりとりを通じて獲得されるとしている。

学習者エージェンシーを育むために「教師エージェンシー」が求められるのは当然だろう。だが、Education 2030では教師エージェンシーまでは言及していない。

小柳和喜雄（２０１９）は、カルバート（２０１６）、ビースタら（２０１５）を引用しながら「教員が自分の教育活動と学校の取組を向上させるために、同僚と互いに関

わり学び合うことを通じて、子供のため、自分のため、そして同僚のために何か貢献しているという、この違いを生み出す感覚と、違いを生み出すことに向けた動機、主体的な態度」を教師エージェンシーと定義している。

カルバート（２０１６）は「教師が職能成長に向けて目的意識を持って構造的に努力する能力であり同僚の成長にも寄与する」ことを教師エージェンシーと定義し、教師のエージェンシーが機能している研修が効果のあることを示した。すなわち、教師自身が研修を企画したり、指導者が対等な立場で研修に参加したり、研修目標を教師自身が設定したり、教室の現実に即した課題を考えていたりする研修が、教師の満足度と有効感を達成することにつながっている。カルバートの指摘は、主体的・対話的で深い学びを実現するために本書の最終章で論じる戦略につながってくる。

ビースタ（２０１５）は、生徒主体のカリキュラム改革を行ったスコットランドの学校を調査した。教師たちはエージェンシーを発揮するうえで、次のような生徒に関する信念の変容を迫られた。

●優秀な生徒は旧い講義形式を望んでいる

●能力の低い生徒は理解しやすい授業を望むが、それよりも自己の学習管理能力の低さ

のほうが問題

●新しいカリキュラムは能力の低い生徒にとっては有効だろうが、彼らに必要なのはそれよりも生活規範だ

●教室にいる生徒の能力が多様であることを理解していれば、個別に対応する戦略を採用することはできる

●生徒に権限を与えようとしても生徒に権限の使用能力がない

●生徒の能力に応じて指示的に教えるべきと考えている

第1章で論じた信念の問題が、教師エージェンシーにも関係している。ビースタは、教師たちは自律的であることを求められることを恐れているとも分析している。上記の信念に縛られ、定められたマニュアルどおりにエージェンシーを発揮せずに職務に従事することが、教師文化の一部を形成している。教師エージェンシーは権利でなく、教師に求められる新しい資質なのである。

教師エージェンシーに関するこれらの先行研究は、次節で述べる教育施策の国際的な分析に通じるものがある。

第4の道は学習者中心

ラーニング・コンパスはア・プリオリに学びの姿を示したが、ア・ポステリオリ的に分析して子どもを主語にした改革の有効性を示す文献もある。

リンダ・ダーリングハモンドやアンディ・ハーグリーブスの名前は研究者であれば常識となっているが、実践家にとってはさほどポピュラーでないだろう。私が秋田県などの全国学力調査上位県をフィールドにしているのと同じように、彼らは世界を股に改革に成功した学校や地域、国を調査し、その考察を刊行し続けている。

ハーグリーブスがシャーリーとともに2012年に刊行した『グローバル・フォース・ウェイ（グローバルな第4の道）』は世界の教育改革の大きな流れを分析したものである。ハーグリーブスは教育改革の流れを4段階に分けた。第1段階は公教育の量的拡大期。第2段階は新自由主義による教育改革期。第3段階はスタンダードによる公教育の水準上昇を目指した時期。第4段階が学校のエージェンシーを尊重する時期である。

第2段階の改革は基本的に学校や教師を不信の目でみている。教師はともすると楽な方向に向かいがちで、子どものことよりも自分たちのことばかり考える傾向にある、そのような教師を変えるのに効果的なのは競争原理であり、競争原理が適切に機能すれば、より少ない資源で大きな成果を得ることができる、という考え方だ。

今日の日本においても全国学力調査の学校別データを公表して競争を促そうとする発想は根強く存在している。第2の改革の発想はわかりやすくて魅力的なのだ。だが、これまでの教育改革の歴史は第2の改革で成功した地域も国もないことを示している（日本もそうだ）。

第2段階の改革の行き詰まりから、新たな改革の動きが出てくる。競争による変革から目標管理による変革だ。それが第3の改革になる。その典型はブレア政権時代のイギリスになる。

ブレア政権は新自由主義改革を推進したサッチャー政権を批判し、社会民主主義改革を推進した。ただし、量的条件整備だけでは第1の改革に対して批判された、社会の非効率性を是正することがむずかしくなる。

そこで、ブレア政権は第3の改革と称し、サッチャー政権時代に削減された教育費を増額し、同時にグローバル化への対応を前向きに支援することとした（ギデンズ、1998）。ただし、第2の改革で設定されていたテスト成績の向上と公立学校の説明責任という施策は踏襲され、目標設定のための学校運営や学習指導の方法が重視された（藤田、２０１５）。

今日においても第2段階の改革や第3段階の改革にとどまっている国や地域は多い。ハーグリーブスらは国際学力調査で高い成績を上げているフィンランドやシンガポール、カナダのオンタリオ州やアルバータ州の施策を分析した結果、次の共通点があることに気づいた。総称して「第4の道」と名づけている（ハーグリーブス＆シャーリー、２０１２）。

- **学力調査の数値目標からすべての生徒の学習を保障するシステムへの転換**
- **学力調査などの各種データは目標管理のためでなく学校改善の参考情報として使用**
- **教師はカリキュラムの実行者でなくカリキュラムの開発者と位置づける**
- **革新に向けて持続可能で分散的な責任体制を発展させるためのリーダーシップ**

『グローバルな第4の道』において、フィンランドは次のように教師集団のエージェンシーが尊重されていることが紹介されている。

●教師たちは指導方法の改編に追われることなくカリキュラム編成に参画している

●授業は1日4時間のみ（アメリカでは1日6時間）。残りの時間で授業準備と授業の振り返りを行っている

●少数の特異な技術をもった教師でなく伝統的な普遍の力をもった教師が教師集団を導き、集団的責任のもとで教育上の問題を解決している

シンガポールは、学校のエージェンシーを育むために、カリキュラムの2割を学校が独自に設定する施策を展開した。教師たちは学校独自のカリキュラムを編成するために海外の先進事例を視察したり、国際学会に参加したりすることを推奨される。

この施策をシンガポール政府は「構造的な反乱（structured insurgency）」と称している。トップダウンで細かく指示しても改革はできない、教師たちの自主性を尊重し、それを支援する施策を推進することで、学校は国の方針を超えてさまざまな改革に乗り出すようになる、との考えで学校のエージェンシーを育もうとした。

第4の道の改革の意義が最もわかりやすく示されている事例はカナダのアルバータ州とオンタリオ州だろう。

アルバータ州は1999年に学力テストで生徒の成績を上げた教師にボーナスを支払

うプログラムを提案した。典型的な第２の改革である。

これに教員組合が、教師を分裂させ困難な生徒と一緒に仕事をしようとしていた教師の阻害要因になると反発し、学校改善のために希望する学校に補助金を支出する施策（Alberta Initiative for School Improvement：AISI）に転換させた。AISIは開始後10年間でアルバータ州の95％の学校に広がり、教師が生徒と一緒に独自のカリキュラム開発に取り組むようになった。

このプログラムは州政府でなくすべての主要な利害関係者を代表するグループによって運営された。学校が高等教育機関と連携すること、他の学校と学びを共有することが求められた。そのためのネットワークも構築された。AISIによりアルバータ州内の学校はイノベーションを起こすことに成功した。

オンタリオ州においては第２、第３、第４の改革がわかりやすいかたちで進行している。１９９５年から２００３年までの保守党政権下では、教育への不信感を背景に、教育費を削減し、教師に対する試験を厳格化する施策が推進された。

その結果、世論調査において教育の質が低下していると指摘され、州の学力調査で州基準を満たしている生徒は半数程度、高校を５年間で卒業できるのは３分の２程度にとどまっていた。

２００３年に自由党マクギンティが州知事に就任して以降、オンタリオ州は第３の改革に取り組みだす。識字能力と数学に焦点化した目標を設定し、第6学年の75％が州基準を達成することを求めた。新しい施策では目標達成を求めると同時に教員研修の機会など学校を支援する施策を充実させた。

２００３年から２０１１年までの取り組みにより、目標を達成することのできた子どもは54％から70％に上昇し、高校卒業率も68％から82％に上昇したから、一定の成果をあげたことになる。だが、教師たちは常に目標の達成状況を示す評価表を眺め、子どもの学力向上のためのドリル学習を強い続けることに疲弊していた。

オンタリオ州がさらに高い成果をあげることになったのは、第4段階の改革に属する、２００５年施行の「すべての子どものための教育法（Education for All）」である。この法律では数値目標ではなく特別支援児童・生徒や移民を含むすべての子どもが成功する理念を目標として掲げた。

教師たちは数値目標に追われることなく、子ども一人ひとりの学習を支援することを目指した。行政機関はこの施策の推進にあたって権力的な圧力をかけることなく、各学区や学校の自主性を尊重した。この施策により、読解力や数学の成績が上昇するだけでなく子どもの学習意欲が高まる、教室での問題行動が少なくなるなどの変容がみられた。すべての子どもの学びを保証しようとする方針は、オンタリオ州だけでなく国際学力調査で上位の成績を示しているフィンランド、シンガポールでもみられる。

子どもの学びを中心に考え、子どもと教師のエージェンシーを尊重する施策を、ハーグリーブスは第４の道と命名した。

オンタリオ州では、ハーグリーブスが第４の道と命名した施策以外の施策も実施されている。それが「ミドルからの指導（Leading from the Middle）」である。

２００９年にオンタリオ州政府は「すべての子どものための教育法」によるプロジェクトの評価事業をハーグリーブスとヘンリー・ブラウンに委託した。評価プロジェクトからみえてきた同教育法による改革の成果は次のようなものだった（ハーグリーブス＆ブラウン、２０１２）。

- **広範囲の参加を促す信念の鼓舞がある**
- **尊敬すべき第３者による「ミドルからの指導」がある**
- **すべての生徒の学習に向けた、教育関係者の「集団責任」がある**

「信念の鼓舞」は、本書第1章で述べた信念の問題にかかわるものだ。オンタリオ州は教師たちの信念を変えるために事務的な手続きや官僚的な調整よりも信念を共有する場を構築することで改革に向けた一貫した信念を構築することに成功した。

信念の変容が実践の変化を促し、オンタリオ州の学力向上を生み出した。

「ミドルからの指導」とは、オンタリオ州が施策を推進するうえで雇用した指導者チームのことである。退職校長や退職教育長らが指導者チームを形成し学校を支援していった。指導者チームはコーチングやメンタリングなどのコミュニケーションツールを多用して学校を支援した。ほとんどの学校がプログラムの対象となっていたため、指導者チームの恩恵を受けることができた。

「集団責任」とは、学校の教師たちが学年や教科の枠を超えてすべての生徒の成功のために共通の学びを行い、相互に説明責任を負ったことである。

これらのオンタリオ州の改革は、大きくは第4の道の改革に含まれるだろう。信念および助言者の役割は本書が目指す戦略に共通する視点である。

ちなみに、ハーグリーブスのその後の論文（ハーグリーブス&シャーリー、2020）では、2018年にさらなる政権交代がおき、教育費の縮減策が施行されつつあるらしい。これによりオンタリオ州にこれまで実施されてきたミドルリーダーによる学校改革や教育長協議会の開催が危うくなっているとのことである。

ダーリングハモンドは２０１７年に刊行した『エンパワードエデュケーター』において、ハーグリーブスと同様にフィンランド、シンガポール、カナダ・アルバータ州、オンタリオ州、中国・上海、オーストラリア・ビクトリア州など国際学力調査で高成績をあげている国や地域の施策や文化を分析している。これらの国に共通する要素は次のようなものである。

1. **教育への高い社会的関心**
2. **教職に就くことの困難さ**
3. **養成および現職教育への財政措置**
4. **教職を規定する基準の存在**
5. **カリキュラム基準の存在とそれを実現するための現職支援**
6. **授業研究やアクションリサーチなど研究に基づく力量向上**
7. **孤立していない協働的職業としての教職**
8. **持続的な現職教育**

9. リーダーシップ開発の機会

10. 質の高い教育と公平性を支援する教育行政

これらの要素は、日本で秋田県や福井県に対して指摘されているものと重なる。第1、2、6、7、9番目の項目は広く知られている。他の項目は日本で全国的に確保されているものだろう。

ダーリングハモンドがとくに強調しているのは教師の協働時間の確保と共同研究への取り組みである。ダーリングハモンドが分析した国や地域はアメリカに比べると担当授業時数が少ない（たとえばアメリカの教師は週27時間授業するが、シンガポールの教師は週17時間、上海の教師は15時間）。その空き時間を活用し、教師たちは協働して授業を計画したり、研究に取り組んだりしている。

フィンランドでは校内で協働して学習やカリキュラム開発に取り組んでいる。上海では教師同士が学び合う時間を共有し、デモ授業を実施したりしている。ビクトリア州では校内での学習会に加え生徒のデータ分析、教室の参観などを行っている。オンタリオ州では地域のニーズに合わせた共同学習会を開催したり、特異な授業を行っている教師の授業を一緒に参観したりしている。

カリキュラムおよび評価の開発について、フィンランドでは国の基準にしたがい各学校が詳細なカリキュラムを作成すると同時に学校独自の試験を実施している。12学年で受ける入学試験まで外部の標準化されたテストを受けることはない。生徒評価の目的は自己評価の促進であり、教師は口頭や物語的なフィードバックを与えている。

オーストラリアのビクトリア州とニューサウスウェールズ州でも生徒の評価における教師の役割は大きく、入学試験の半分は教室で出された課題の評価が占めている。

教師の共同研究として、シンガポールでは、教師が生徒のニーズを満たすために教え方や学び方を検討する研究プロジェクト（Professional Learning Community：PLC）に参加している。校内に複数の少人数学習グループであるPLCが組織され、教師たちは興味ある分野のPLCに参加している。PLCは毎週会合を開き、生徒の学習に関する重要な問題を選択し、データを収集して分析し、指導上の解決策を開発して試し、これらの解決策の効果を評価している。

上海では「jiaoyanzu」と称する校内研究が行われている。Jiaoyanzuは漢字で「教研組」と書かれ、日本の校内研究あるいはアクション・リサーチのイメージに近い。このJiaoyanzuでは教師の研究グループで仮説を立て証拠を集め、証拠を分析している。このため毎週会合を開催しカリキュラムを一緒に検討したり、授業をデザインしたり、お互いの授業を観察してディスカッションしたり、テストを書いたり、講演会や他校訪問などの教師の専門的な開発を調整したり、準備プログラムの学生教師と協力したり、学生から自分が経験している授業の質について意見を求めたり、学生の作品をみたりと、さまざまな活動を行っている。

カナダのアルバータ州ではAISI（前出のプロジェクト）を通じ、教師たちは授業の計画、カリキュラムへのテクノロジーの統合、評価ツールの開発、教育戦略の共有、学校改善のための取り組みの実施などをチームで行うことで、教師の士気、スキル、プロフェッショナリズムが向上した。

ダーリングハモンドの分析は、生徒主体の授業改革には教師の主体的取り組みと協働体制の構築が必要であることを示している。ハーグリーブスやダーリングハモンドが紹介する国際的な動向は、このたびの学習指導要領改訂における主体的・対話的で深い学びやカリキュラム・マネジメントの理念と一致している。

結論

学習者エージェンシーを実現する教師エージェンシー

ハーグリーブスやダーリングハモンドが分析した、国際学力調査で好成績を示している国の施策とOECDが議論した教育の方向性は一致している。それは、児童・生徒のエージェンシー、さらには学校と教師のエージェンシーを尊重するということである。

教育が目指すところは学習者のエージェンシーだが、そのために教師および教師集団のエージェンシーが必要となってくる。国際学力調査で好成績を示している国において教師のエージェンシーを認めていることが明らかになるにつれ、この認識は世界共通のものとなりつつある。

しかるに、施策の当事者はどうしても競争や目標達成の圧力で学校や教師を変えようと考える傾向にある。その状況が、ハーグリーブスが第２段階、第３段階の改革として批判したものであり、第４段階の改革が王道であること、王道を歩んでいる国が好成績をあげていることを、ハーグリーブスやダーリングハモンドという国際的に著名な研究者が示している。

日本語で単に主体性と表現すると、主体的に学習から忌避する、などの文脈が成立してしまう。そこで国際的には社会に対する将来的な責任の文脈を含め、主体性はエージェンシーという語で表現されている。

エージェンシーということばは日本でなじみがないし、主体性ということばは、子どもに関しては当然視されていても教師に関しては行政に対する抵抗論理という文脈で受け取られることが多かった。

しかし、ハーグリーブスと同じ視点で日本の全国学力調査で好成績をあげている県を眺めたら、日本でも教師エージェンシーが尊重されている地域がある。その一つが次章で取り上げる秋田県である。

第4章

第4の道を歩む秋田県

秋田教育の神髄はエージェンシー

おそらくハーグリーブスが日本の秋田県を訪れ、学校の状況と教育委員会の姿勢をきちんと理解したならば、フィンランドやシンガポールよりも秋田県のほうが「第4の道」の改革の典型だと評するはずだ。

秋田県の教育の特徴は、次のように整理できよう。

●教育委員会は学校および教師のエージェンシーを尊重している

●校長は学校の代表者だという自覚のもと、所属職員の力量向上を意識している

第1の特徴は、多くの都道府県が誤った解釈をしているものだ。秋田県に学んだ教育委員会の多くは、秋田式探究型授業を自県のマニュアルに取り入れて、それを所轄下の学校に推奨している。

だが、秋田県は秋田式探究型授業を県の絶対的な方針として示しているわけではないし、それを要求することもない。秋田県の指導主事に、秋田式探究型授業が成立していない学校や教師にどう指導するかと尋ねたことがある。返ってきた回答は「あなたはどのような授業をつくりたいのでしょうか」という問いかけだ。秋田県の指導層のこのような語り方には、ここまで論じてきた教師のエージェンシーを尊重する姿勢が垣間みえる。

第2の特徴は、私がこれまで実施してきた調査と校長たちとの交流の双方から示される。私は秋田県を含めた複数の都道府県を対象にした調査を実施したことがある（国立教育政策研究所、２０１５）。

そのデータにおいて「教育委員会による学校訪問が教師の授業力向上に効果がある」「教育委員会による学校訪問が学校経営の向上に役立っている」「授業研究の運営において校長がリーダーシップを発揮している」への回答は、秋田県が最もよい。

私はさまざまな都道府県で授業研究の指導を行ってきた。授業を拝見すると、授業者個人の力量は当然明らかになるが、そのこと自体を課題と受け止める校長と、そこからその教師をどう育てるかという話をはじめる校長に分かれる。

前者の校長はできれば力量の高い教師を自校に招聘したいと思うし、そうでない教師は早く他校に異動してほしいと願っている。後者はまったく逆で「預かった以上、この教師をなんとしても育てないといけない」と考えている。前者の校長は教師の力量は本人の問題であり校長が関与できる範囲は少ないと考え、後者は教師の力量は校長の問題と考えているのだ。後者の校長に対して職員の帰属意識は高く、授業に悩めば相談するし、校長の意思決定に対する支持も強くなる。前者の校長の意思決定に対して職員は表面的に支持するものの、実際には自分の考えだけで校務を担当したり、授業をすすめたりする。

秋田県の校長と職員の関係は良好である場合がほとんどで、互いにリスペクトし合っている。これは秋田県だから成立しているのではない。

東京都は秋田県に比べると学校文化が成立していない学校が多いのだが、学校再生請負人的な校長が赴任すると、たちどころに職員を掌握する。校長は相手主体で考えている し動いている。そのような姿勢の校長が秋田県に多いということだ。

第４の道の宝庫である秋田県

私が秋田に足を運び出して約10年になる。『プロフェッショナル・ラーニング・コミュニティによる学校再生』（２０１４）では１９９７年から２００６年まで教育長を務めた小野寺清との交流を通じて得た情報を紹介し、『若手教師がぐんぐん育つ学力上位県のひみつ』（２０１７）では歴代教育委員会の教育次長および義務教育課幹部の皆さまに執筆していただいた。

小野寺教育長の手がけた施策は数多いが、今日の秋田県教育に大きな影響を与えているのは、おそらく人事異動改革ではないかと思っている。

どの都道府県も、人事上の意思決定を非公開にしているが、多くの地域で聞こえてくるのは、機械的なルールでローテーションするようにしているか、政治的な取り引きや個人的つながりで人事異動が恣意的に決定される余地があるというものだ。

小野寺教育長は研究校やナンバースクールと言われる中心校に有力な校長や教師を配置するのでなく、どの学校の教師も力量に違いがないように配慮した。すると、学校の学力平均点は校長の経営力量が反映されたものと解釈されるようになる。

最近の秋田県教育関係者の話によると、人事異動方針はさらに進化しており、学校の特性との相性を考え、個々の教師をどう育てていったらいいかという観点で異動させている。教育事務所単位で個々の教師の情報をきちんと把握しているが故に可能となることだ。

これができていない都道府県は少なくない。多くは校長が所属職員の希望を取りまとめて自身の意向を含めて市町村教育委員会に伝える（地方教育行政法上の意見具申）。最後は校長と市町村教育長の交渉でまとまるのだが、密室における意思決定だから政治的思惑が関与しやすい。都道府県側はそのようにブラックボックスの中で決定された異動者のリストを市町村から受け取るだけとなっている（地方教育行政法上の内申）。

管理職の人事異動では都道府県のイニシアティブが機能するが、教師の異動は校長あるいは市町村教育委員会にイニシアティブがある。それがプラスに働く地域とマイナスに働いている地域がある。

小野寺教育長の人事改革が秋田県にもたらしたものは、校長の意識の変容だ。前述した秋田県の校長たちのリーダーシップの強さは、長い歴史のなかで徐々に形成されてきたと推察される。秋田県の高学力の特徴として、学校の平均点が総じて高いことはよく知られている（千々布、２０１４）。加えて私がこれまで実施してきた調査は、秋田県の校長のリーダーシップも総じて高いことを示している。

それは、秋田県の土壌が豊かになるにつれて校長の力量が高まったこともあるだろうが、どの校長も平等に能力を評価され、それを支援する教育委員会の体制がなしえたものと思われる。

秋田県スタンダードは「そこぢから」ではない

秋田県に学ぶ教育委員会は多い。「〇〇スタンダード」などと称して秋田式探究型授業をなぞった授業の流れを県や市のスタンダードとして学校に提示し、それに基づいた授業改善を求めるがうまく普及しない、あるいはそれに対する反発で、教育委員会や学校から私に来る依頼が年に数件ある。

多くの教育委員会が本山とみなしている、秋田県のスタンダードはどのように成立したのだろうか。秋田県が長い歴史のなかでこのスタンダードを構築し、現在も改編の途上にあることをご理解いただきたいと思うし、秋田県に何を学ぶべきか、どう授業改善をすすめるべきかを再考する契機になればと思う。

多くの教育委員会関係者は、秋田式探究型授業を学校に伝えているバイブルは秋田県総合教育センターが公開している「あきたのそこぢから」だととらえている。だが、県下のとらえはそうでない。秋田県教育委員会が毎年公表している「学校教育の指針」が、県として公式に示すスタンダードである。

学校教育の指針において「学習の見通し→自分の考え→ペアや集団で話し合う→振り返り」という探究型授業のプロセスが示されるようになったのは2016年、つい最近だ。「あきたのそこぢから」の刊行は2012年。ほぼその年には秋田式探究型授業が全国的に注目されるようになっているから、実は秋田式探究型授業を県下に広めたのは「あきたのそこぢから」でもなく「学校教育の指針」でもないことになる。

学校教育の指針の作成担当者に尋ねると、2016年改訂に影響したのは学力調査結果を検証する委員会のなかで、秋田県の教育の特徴を分析した結果によるとのこと。検証改善委員会は2012年報告で「本県では、子どもたちが自ら考えることを大切にする授業が多く行われています。また、学習課題についてグループで話し合わせたり、学級全体で意見交換させたりする探究型授業も盛んです」と記述している。

同委員会は2015年報告で「めあて・ねらいの設定→一人ひとり→グループ→学級全体による探究→振り返り」の流れを「秋田型授業スタイル」として紹介している。この記述が次年度の学校教育の指針改訂に影響した、ということらしい。

この変遷を追うと、どの段階においても秋田式探究型授業はトップダウン的にスタンダードとして示されていない。それぞれの学校の授業改善の結果、良好な結果を示しているのがそのようなものだ、という記述の仕方をしている。
「あきたのそこぢから」の作成過程も同様で、教育センター指導主事が県下の授業を参観していくなかで発見した、最低水準の共通項をまとめたものということらしい。

秋田式探究型授業の成立

２０１６年版学校教育の指針に示されるようになった「見通し→自分の考え→ペアや集団で話し合う→振り返り」の流れは示し方がその後毎年変わっている（図４）。

２０１６年版の流れでは各プロセスの関連は矢印で示されたが、次年度は矢印でなく直線でつなげられている。その根拠は解説において「単にプロセスをなぞったり、形式的な話し合いをしたりするのではなく、それぞれの学習の段階をしっかりと機能させた上で、一連のプロセスとして関連づけて捉えることが重要」と記述されていることから了解されよう。前年度の矢印で示す図示だと「単にプロセスをなぞるのでない」と解説していても、プロセスをなぞりがちな現場の問題点が議論された結果である。

２０１９年版学校教育の指針は直線で結んでいた各プロセスの前後に点線を加えた。解説では「単にプロセスをなぞったり、形式的な話合いをしたりするのではなく、単元や題材など内容や時間のまとまりを見通し、学習過程におけるそれぞれの段階をしっかりと機能させた上で、一連のプロセスとして関連付けて捉えることが重要」と記述しており、単元などのまとまりを見通すことの重要性が示されている。

秋田式探究型授業は1時間完結だととらえている教育委員会関係者は多いが、当の秋田県では1時間完結にこだわるべきかどうかの議論が続いている。2019年版は単元を見通して授業展開を考えた際、1時間のなかで完結しない授業があってもよいという考えを示したものである（2020年、2021年版は同様）。

図４　秋田県「学校教育の指針」における探究型授業の変遷（上から２０１６年から２０１９年版の順）

2016 年版学校教育の指針

2017 年版学校教育の指針

2018 年版学校教育の指針

2019 年版学校教育の指針

秋田県教育委員会はどのように議論しているか

私が秋田県の強みとして感じるのは、秋田式探究型授業の成立過程を複数の教育委員会関係者に尋ねても、同じような回答が得られることである。

多くの教育委員会が県や市のスタンダードを限られたスタッフで作成している。担当指導主事1名だけが秋田県を視察してスタンダードを作成している教育委員会もある。担当者が自分が作成したスタンダードの普及に懸命になるのは当然だが、他の教育委員会関係者の姿勢は冷淡である場合が多い。

秋田県は「あきたのそこぢから」にしても「学校教育の指針」にしても、常に集団体制で取り組んでいる。そこには、彼らが示す指針が県下の学校に与える影響が大きいという責任感と学校が受け止めることができるだろうかという切実感がある。

私が「学校教育の指針」の改訂過程について秋田県教育委員会でインタビューしている際、改訂の取りまとめは別の担当者だと言いながら、その指導主事は赤ペンでびっしり書き込んだ現行の指針を示してくれた。彼のように書き込まれた改善の視点が改訂の議論の際に集約され、次年度の指針に反映されるようになるのだろう。

他県の教育委員会会議に招聘された際、その場にいる教育事務所や県下市町村の指導主事がほとんど発言しない場面に直面したことがあった。その場に同席した地元大学の研究者が「発言するとそれだけ自分たちの仕事が増えるのを恐れているんですよ」と小声でささやいてくださったのが印象的だった。その県は全国学力調査で十分良好な成績を占めている県である。以前はもっと雰囲気が悪かったに違いない。改善傾向にあるのだが、それでも発言を躊躇《ちゅうちょ》する雰囲気（文化）が残っている。

秋田県の指導主事が県の方針を議論するとき、彼らは常に「この指針が現場にどう受け止められるか」、受け取る相手を主体に考えている。

秋田県教育委員会は毎年全国学力調査の分析結果を「学校改善支援プラン」として示しているが、その中でモデル的実践を紹介する際に「安定した取組をしている学校」あるいは「課題の改善状況が顕著である学校」がどのような特徴をもっているかを調べた結果である旨を記述している。単なる事例であって、そのとおりに実践することを秋田県教育委員会は求めていない。手法を押しつけるのでなく、学校と教師たちのリフレクションを尊重し、促進する姿勢が秋田県にはある。

秋田県の教育委員会文化

都道府県レベルの教育委員会に出向くと、その教育委員会が取り組んでいる施策を説明される機会は多い。行政官は施策の説明は得意だ。案の立ち上げから予算化の過程まで、庁舎の中で、議会の中で同じ説明を繰り返しているからだ。

その施策をさも独自の施策であるかのごとく誇らしげに語られることもある（他県でも同じような施策がとられているし、効果が疑わしい施策も多いのだが）。しかもその施策の発想が知事とか教育長など一部の意思決定権者の個人的見解に基づいている。

対して秋田県の説明口調は淡々としている。秋田式探究型授業に対する他県の表面的な解釈にも「本当は違うんですけどね」と軽い口調で話すだけだ。このことばが秋田県の指導文書に掲載されるまでに長い期間を要したことは前述のとおりであり、秋田県では施策を強引にすすめようとする姿勢があまり感じられない。

では、秋田県は何に力を入れているかと言えば、地味に授業改善する姿となろう。「授業研究を通じて授業を改善していく」という方針は当然のようだが、実際には県によって大きく異なっている。

たとえば研究主任人事だ。研究主任は授業研究の要であり、授業改善の中心的人材である。なのにベテランは教務主任や生徒指導主任にあてて、研究主任は若手教師を任命している学校もめずらしくない。秋田県では教務主任と研究主任は、ほぼ同等に主要な役職としてみられている。

研究主任が授業研究に関するリーダーシップを発揮し、学年主任が学年経営のリーダーシップを発揮する。校長が誰をミドルリーダーにするかという意思決定が学校経営の要になる。校長は職員の意見を聞き、認めるが、決定は自分が下している。そのような校長のリーダーシップを秋田県教師の多くが支持している。

当然のことだが、それがきちんと流れていない学校は少なくない。そのような学校が常態化している都道府県も多い。

昭和30年代の低学力を秋田県はどう克服したか

そのような秋田県の文化は、昭和30年代に実施された全国学力テストへの反応にも表れている。昭和31（１９５６）年に抽出ではじまった全国学力テストは、１９６１年から１９６４年の間、中学校において悉皆調査で実施されたことなどを受け、都道府県別ランキングが公表されるに至った。国は県別平均点を公表していなかったのだが、採点を県に委ねていたために各県が公表した平均点を新聞社が集計してランキング表をつくったのである。そのランキングで秋田県は最下位に近い成績だったことが（１９６１年中学校調査で国語39位、数学40位、理科37位、社会41位、英語32位）、その後の学力向上の歩みへとつながる。

秋田県教育委員会の学力向上に向けた取り組みは、１９５６年「学力向上対策調査」実施、１９５９年「学力向上対策に関する検討委員会」設置、秋田県教育研究所の調査研究などが『秋田県教育史』で取り上げられている（秋田県教育委員会、１９８６）。この中で、とくに秋田県教育研究所の分析方法に今日に続く秋田県の姿勢が現れている。

秋田県教育研究所は１９６３年に『学力を高めるために』と題した報告書を刊行した。報告書の冒頭で所長・村岡一郎は「昭和38年の4月に所員一同相会して、教育研究所の使命は一体何であるかを討議した」と記している。

秋田県教育研究所は全員体制で全国学力テストにおける低成績の原因を真摯に分析し、高成績の県に視察に赴いて秋田県教育の改革を探ろうとした。「先進地の教育事情と本県教育の反省」の章では、東京都、千葉県、新潟県、富山県、長野県、宮城県、香川県に人を派遣して分析した結果が書かれている。

同報告書は秋田県の低学力の要因として、知能検査の結果は他県と相違ないこと、親の教育期待と関心が高学力県に比べると秋田県は低いこと、子どもの学習意欲もやはり高学力県に比べると低いことが分析されていた。今日多くの県が秋田県に対して分析していることと同じことを、秋田県はこの当時他県に対して行っていた。


また同報告書は、高学力県の特徴は「教職員の教育に対する姿勢」「教職員の研究」「学習指導に関するたゆまない努力」と分析していた。

「教職員の教育に対する姿勢」「教職員の研究」とは、学力向上の根基を校内研究におくということだ。指導者の深い学力が指導の実力を上げ得るものであるという考え方に立っている。校内研究会は毎週開催し、研究結果を常に全校指導に利用する。一人一研究をモットーとする。研修日を設けて他校参観や研究に専念できる日とする。研究書を紹介し合う。これらの校内研究体制が有効と分析している。

「学習指導に関するたゆまない努力」とは、学習指導を効果的に行うことだ。学習の目標に応じて一斉学習、グループ学習、個人学習を適切に取り入れている。一斉授業でも講義式・注入主義的なものではなく、集団の中の個別指導を考えた一斉学習を実践してしている、と分析している。今日に通じる授業や校内研究の方針を、当時の教育研究所が示している（秋田県教育研究所、1964）。

秋田県の校長を務めた濱田眞（2019）によると、秋田県教育研究所が1967年に刊行した『教育研究と実践の道しるべ』では、県教育長が「学力の向上は教育の正常化によって達成されねばならぬ」「何か特殊なものをねらう（入学試験の合格率を上げるとか）ためにする教育ではなく、本来の教育目標に向かって努めるところにあると考えられる」と記していること、所長が「直接形に表れた点数の向上を図る対策以前に、まず、教師自身の教育に対する構え、これを受ける児童生徒の学習態度が大きな要因を成している」と記していることなどを引用し、このような考えが県の学校教育の指針における「自主的に学ぶ態度の育成」「自主的な学習能力の開発」を示すことにつながったと分析している。

教育研究所の研究成果を受け、県教育委員会は学校に配布する「学校教育の指導指針」において「学ぶ主体が児童・生徒にあることを基底とし、個別学習を重視して、主体的に学ぶ態度を育てる指導に心がけること」を掲げた。

また『秋田県教育史』は研究指定校の研究成果として主体性の内実を「①意欲的であ

ること、②自主的であること、③本質的または価値追求的であること」と、第３章で紹介したエージェンシー概念に迫る分析を示している。

昨今、多くの県が学力向上を課題としながら、その任を一部の指導主事に委ねていることに対し、秋田県の教育委員会や教育研究所はこの課題に一丸で取り組む姿勢をみせていた。

この姿勢は現在まで続いている。秋田県総合教育センターが２０１１年に公表し、秋田県スタンダードと認識されている「あきたのそこぢから」、その改訂版として２０１７年から２０２０年にかけて公表した「アキタラクティブアイ」の編纂は、いずれも所員全員の取り組みで成り立っている。今や、多くの教育センターで研究部が消滅しているか、事実上、研究を研修生に委ねるようになっているが、秋田県は各教科の担当指導主事が研究に取り組んでいる。

「アキタラクティブアイ」は２０１８年に総則的原則を、２０１９年に各教科編を公表している。各教科編の原案は当然担当指導主事が執筆するのだが、その検討過程では全指導主事が原稿に目を通している。

秋田県の昭和30年代の取り組みを概観すると、なんと正統な授業改善を目指したのか、と感心する。学力向上という目標はトップが意識したものだろうが、それは学力調査という客観的データに基づくもので、しかも対策にあたってとった思考方式は事実を主体的に分析して結論を得る帰納的思考である。

秋田県は学力向上の課題を単なるテスト対策に矮小化しないように留意し、改善の主眼を校内研究体制とそれによる授業改善においた。今日、秋田県に学ぶ教育委員会の多くはそのような読み取りをしない。秋田県の学校のまとまりをうらやましいと思いこそすれ、それを成立させている授業研究と教材研究の意義を読み取ることなく、そこから生まれた秋田式探究型授業という指導方法だけをコピーしようとしている。

秋田県が当初取り組んだシート学習

秋田県内の高校教師から秋田大学教授となった湊三郎によると、秋田式探究型授業の嚆矢《こうし》は、昭和30年代よりみられたシート学習とのことである。シート学習とは、今日で言うワークシートを活用した学習形態のことであり、ワークシートに書かれた課題に取り組むことで、子どもたちは効率的に自力解決と協同解決に取り組むことができるようになったらしい（湊・八柳、２０１４／湊、２０２０）。

「学習はひとりひとり成立させなければならない」「学習は主体的に行われなければならない」「学習は生徒の考えから出発しなければならない」「個別学習はグループによる話合いにより、自分で学んだことの不足を補い、それまで気づかなかった新たな問題を発見したり、全体学習でさらに理解を確実にしたりすることができる」「学習は生徒の能力、速さに即したものでなければならない」。

これらの原則は、いわゆるアクティブ・ラーニングの一つとして多くの現場が参照している協同学習の理念とほぼ同じだが、刊行は１９６０年代だ。当時、秋田県指導主事だった安保宏（１９６５、１９６８）が日本数学会で発表して論文化した内容である。

安保氏の取り組みは、昭和30年代に実施された全国学力テストで最下位レベルの成績となった秋田県の学力を向上させる取り組みの一環であった。当時の秋田県下で取り組みだされていた指導法をシート学習として定型化し、県下の学校に広めていった。秋田大学附属小学校教諭であった佐藤昭二（１９７３）は「この指導方式は安保宏氏を中心に十数年前から開発研究がすすめられてきたものだが、今では方法論としてもすっかり定着している」と記述している。

『秋田県教育史』は１９７５年に秋田県教育センターがシート学習に関する資料を刊行

したことを紹介している。その資料では以下の3点を授業の特性として示唆している。

- **シート学習は、その機能を生かした使い方をする場合、一斉指導に比べて学習の定着化が図れる**
- **シート学習は、学級のだれにでも有効な方法であると言うよりも、中・下位層の児童・生徒にとって機能を発揮できる学習方法である**
- **シート学習による技能の習得と、共同思考を併用することにより、単元のねらいを他教材へ転移する力が高められる**

秋田市小学校教諭である伊藤弘幸が2019年に「あきた数学教育学会誌」に寄せた論文では、秋田式探究型授業について「その大本をたどると約60年前に秋田県で誕生したシート学習に行きつく。現在はシート学習からノートの活用に変容しているが、半世紀にわたり多くの教師たちによって授業づくりや研究実践が積み重ねられ、その手立てや方策が脈々と受け継がれてきた成果といえる」と語っている（伊藤、2019A）。

伊藤氏が2012年に秋田市内の教師を対象に実施した調査によると、学習シートをまったく使っていない教師が約半数となっており、その理由が学習の流れがシート学習と同じである、シート学習の考えを生かして学習指導をしているということになっている。

私が一昨年、秋田県の退職教師数名に尋ねたところ、彼らが初任の頃の算数・数学授業はシート学習が大半であり、学校として１年分のシートを作成し、冊子化しているところもあったそうだ。それが伊藤氏調査に現れているように徐々に板書を活用した今日の秋田型授業に変容している。その理由を尋ねると「シート学習だと１時間の流れが定型化されて子どもの思考に合わせた授業を行いにくい」というものだった。（伊藤、２０１９Ｂ）。

秋田式探究型授業の下地がワークシートを活用したアクティブ・ラーニングにあったこと、その実践の歴史的積み重ねから秋田式探究型授業が徐々に形成されてきたことがわかるだろう。

秋田県教育を支える大学教員

以上の秋田県の歴史は、ほとんどを湊三郎・秋田大学名誉教授からご教示いただいた。湊氏は、事実上主催している算数・数学の研究会で秋田県教師の指導技術を高めようとしている（会長は秋田大学の後任である田仲誠佑教授）。

湊氏と秋田大学で同僚だった大内善一は、１９８０年代当時の秋田大学は現職教員出身者が多く、教科の壁を越えて教員養成に取り組んでいたと語っている（２０２１年２月インタビュー）。湊氏は算数・数学、大内氏は国語が専門である。二人とも自らの専門を極め、養成課程だけでなく校内研修の講師として出向き、秋田県の教師たちを鍛えていたらしい。

茨城大学附属中学校の教師をしていた大内氏は秋田大学から招聘を受けて１９８６年に赴任した。当時の秋田県教育委員会は、今日と同様に県下の優秀教員を選別して指導主事として雇用していたが、市町村指導主事や附属学校に関しては力量に課題を感じることもあったらしい。大内氏は適材適所の人事体制を教育委員会幹部に進言し、少しずつ変わっていったとのことである。

大学教員が初等中等教育に協力する事例は多くの都道府県でみられるが、県全体の教育力を引き上げることをこれほど強く意識している大学教員は少ないのではないか。

湊氏と大内氏の働きは、第１章で示した教師の信念を変容させる外部助言者の役割を果たしたものと解釈できる。

結論

秋田県はエージェンシーが尊重されている

ここまで振り返った秋田県の歴史は、一貫して学習者と教師の主体性（エージェンシー）が尊重されているとまとめることができる。

教育委員会は学校や教師のエージェンシーを尊重しており、学校はそれぞれの授業研究の結果として秋田式探究型授業に辿りついている。教育委員会はそれを支援するための学校訪問を行っている。

なぜそのようなオーセンティックな考え方が秋田県で成立したのか、湊三郎氏と大内善一氏に尋ねると、明治期の北方性教育の歴史にまで遡るのではないかとのことだったが、同じ東北地方の他県と秋田県は異なる歴史を歩んでいる。やはり適切なリーダーシップが機能した時期があった故と考えたほうがいいのではないだろうか。

１９６０年代の全国学力テストの結果の受け止め方、その後のエビデンス・ベーストな動き方は、当時の教育委員会幹部がテスト対策などの安易な施策に走らなかったことも大きいだろう。その姿勢は１９９０年代に教育長を務めた小野寺清氏も同様だ。小野寺氏の施策は全体を引き上げることと、テスト学力に偏らない、ふるさと教育などの幅広い学力向上を目指したものとなっている。

湊氏や大内氏など旧い時代の秋田県を知っている関係者によると、かつての秋田県には他の都道府県と似たような課題があったようだ。それが少しずつ解消され、教師と学校のエージェンシーが尊重される学校文化と教育委員会文化が形成されるに至ったと解釈できる。このことは、他の都道府県も同じ道筋をたどることで秋田県と同じような成果を得ることの可能性を示している。

第5章

子ども主語と教師主語の往還による授業改善

教師を主語にしている授業マニュアルと授業改善の指針

学習指導要領解説は、主体的・対話的で深い学びを、子どもを主語にして説明している。子どもを主語にして議論すべきという視点が中央教育審議会と「育成すべき資質・能力を踏まえた教育目標・内容と評価の在り方に関する検討会」で明確化した経緯を第2章で解説し、それは世界の潮流であることを第3章で、同じ潮流がみられる秋田県の歴史を第4章で解説した。

子どもが「どのように学ぶか」の姿として示されたのが「主体的・対話的で深い学び」だとしても、指導する教師の立場からすると、授業をどのように変えていけば子どもの主体的・対話的で深い学びが実現されるのか、指針を求めたくなるだろう。

第2章で、溝上慎一のアクティブ・ラーニング論は子どもを主語にした学習形態について記述したものであり、それを実現するための教師を主語にした授業形態はアクティブ・ラーニング型授業として区別していると書いたが、それを読んだ方から「わかりにくいですね」との感想をいただいた。

確かにそうだ。教師たちは「要するに何をどうしたらいいのか」を気にする（そのような信念に支配されている)。

板書をしながらの解説で授業をすすめることがだめなら、どうしたらいいのか。ワークシートを配布してグループワークをさせるうえで必要な留意点は何か。グループ協議で時間が足りなくなったらどうしたらいいかなど、授業方法で迷う教師は多い。多くの教師が授業に関する具体的な指針（マニュアル）を求めている。

その点、教師を主語とするアクティブ・ラーニング論は明確だ。詳細にマニュアルを提示し、それにより子どもがポジティブな反応を示していることを紹介している。「居眠りが皆無になっただけでなく、『楽しい』『集中できる』『よくわかる』などが続出しました。（中略）『先生に教えてもらうより自分でわかる方がうれしい』『友達になら質問できる』『友達に教えるともっとよくわかる』などの感想は私の授業観を大きく変えました」（小林、２０１５）などの効果を示されると、そのような手法を取り入れたいと教師が考えるのは無理のないことだろう。

しかし、そのようなマニュアルが一時的に子どもの学びを保障するものとなっても、教師の信念が変わっていないことには真の改善につながらない。

教育委員会が作成している授業改善の指針

国立教育政策研究所のホームページで「主体的・対話的で深い学びを実現する授業改善の視点について」（２０２０）と題する資料（パンフレット）が公開されている。同資料は都道府県や市町村教育委員会が作成している授業の指針を分析し、それを主体的・対話的で深い学びの枠組みにしたがって整理したものである。

教育委員会は多様な授業の指針を作成している。これらの指針は授業のモデルとして示されているものもあるが、学習指導要領と同様に授業改善の視点として示されているものも多い。しかしそのほとんどは主語を教師＝授業者としながら、主体的・対話的で深い学びを実現する授業改善の視点を説明したものになっている。

国立教育政策研究所では、インターネットを通じて都道府県および政令市教育委員会が作成した主体的・対話的で深い学びに関する授業の指針を収集した。教育委員会によっては、国の枠組みとほとんど同じ内容で作成しているものや、授業モデルとして簡潔にまとめているものもある。

それらのなかから教育委員会独自の視点が読み取れるものを選定し（秋田県、福島県、栃木県、群馬県、名古屋市)、主体的・対話的で深い学びの視点にしたがって分析した。

分析対象とした授業の指針には中教審と同様に子どもの学びの姿を記述しているものもあったが、子どもの学びの姿を示すと同時にそのような子どもの学びの姿を実現する教師の働きかけのあり方について記述されていた。

これらの記述形態を参考にすると、主体的・対話的で深い学びの実現に向けた授業改善の視点として、学習者からの記述に加え、授業者からの記述を併せて示すことの有効性が示唆された。

分析対象となった授業の指針に示されている授業改善の視点を主体的・対話的で深い学びの枠組みで再構築することで、学習者が主体的・対話的で深い学びを実現するために教師が何を取り組めばよいのかが明示的に示される表となった(表１)。

の視点（国立教育政策研究所、２０２０）

	授業改善に向けた『授業者』の視点
主体的な学び	・既習事項を振り返る ・具体物を提示して引きつける ・子供が明らかにしたくなる学習課題を設定する ・子供が自らめあてをつかむようにする ・学習課題を解決する方向性について見通しを持たせる ・子供が自分の考えを持つようにする ・子供の思考を見守る ・子供の思考に即して授業展開を考える ・子供の考えを生かしてまとめる ・その日の学びを振り返る ・新たな学びに目を向けさせる
対話的な学び	・思考を交流させる ・交流を通じて思考を広げる ・協働して問題解決する ・板書や発問で教師が子供の学びを引き出す
深い学び	・資質・能力を焦点化する（つけたい力を明確にする） ・単元や各授業の目標を把握する ・ねらいを達成した子供の姿を具体化する ・教材の価値を把握する ・単元及び各時間の計画を立てる ・目標の達成状況を評価する

表１　主体的・対話的で深い学びの実現に向けた学習者と授業者

	授業改善に向けた『学習者』の視点
主体的な学び	・学ぶことに興味や関心を持つ ・自己のキャリア形成の方向性と関連付ける ・見通しを持つ ・粘り強く取り組む ・自己の学習活動を振り返って次につなげる
対話的な学び	・子供同士の協働を通じ、自己の考えを広げ深める ・教職員との対話を通じ、自己の考えを広げ深める ・地域の人との対話を通じ、自己の考えを広げ深める ・先哲の考え方を手掛かりに考える
深い学び	・各教科等の特質に応じた「見方・考え方」を働かせる ・知識を相互に関連付けてより深く理解する ・情報を精査して考えを形成する ・問題を見いだして解決策を考えたり，思いや考えを基に創造したりすることに向かう

教育委員会作成の授業の指針には、中教審と同様に子どもの学びの姿を記述しているものもあったが、そのような子どもの学びの姿を実現する教師の働きかけのあり方について記述されているのが大部分だった。

たとえば「主体的な学び」を実現するための教師の姿として「具体物を提示して引きつける」「子供が明らかにしたくなる学習課題を設定する」「子供が自らめあてをつかむようにする」「子供が自分の考えを持つようにする」「子供の考えを生かしてまとめる」などの視点がある。

これらの授業の指針で記述されている内容は、従来から授業研究の場で指摘されてきた事柄である。しかし、それにより一定水準以上の授業が実現できる可能性がある一方で、教師が指針に縛られて肝心の子どもへの意識が希薄になる危険性もあった。

指導案はよく書けているのに、子どもの反応を無視して指導案どおりの授業を教師主導ですすめてしまう授業を拝見する機会がある。そのような授業後の検討会では教材解釈が不十分だったなど、授業者をさらに追い込む発言が投げかけられたりする。逆に授業者から「どのような具体物を示したらよかったのでしょうか」とか「どのような発問がよかったのでしょうか」など、具体的な授業方法を求められることもある。私自身が助言者として招聘された授業研究の場で繰り返し直面してきた問題だ。

学習者と授業者の視点の往還

国立教育政策研究所が整理したこの表は、そのような隘路《あいろ》に陥りがちな授業研究の場面を改善する視点を与えてくれる。

「どのような具体物を提示したらよかったのか」と悩む教師に「このような具体物がある」とあたかも正答であるかのごとき知識を与えるのでなく「子どもが興味や関心をもつ具体物はどのようなものだろうか」と問うことで自らの内省を深めるように促す。検討すべきは具体物そのものでなく、子どもの興味・関心を引きつけることだと、意識させてくれる。

新しい学習指導要領の主体的・対話的で深い学びは、マニュアルや手法に縛られがちな授業を子どもの視点を意識することで改善を促すものである。

国立教育政策研究所の資料はこう結論づけている。主体的・対話的で深い学びは、学習指導要領解説が紹介している学習者の視点と、授業者の視点の双方が往還することで実現されるものである、と（図５）。

図５　主体的・対話的で深い学びの実現に向けた学習者と授業者の視点の往還（国立教育政策研究所、２０２０）

授業研究における子ども主語と教師主語

主体的・対話的で深い学びとは授業改善のための視点だと、中教審はまとめている。では、授業改善のために実施されている授業研究で主体的・対話的で深い学び、すなわち教師主語から子ども主語へのパラダイムシフトはどのように図られているのか。

実は学習指導要領よりも早く、１９９０年代からその取り組みがみられる。

「これまで受動的な位置におかれ

てきた子どもの学びに能動的な位置づけを与え、伝達と習得という閉じたシステムにおいて構成されてきた授業と学びを、対象（教育内容）の意味を構成し人と人との関わりを構成する多元的で重層的で力動的な実践として再構成する転換として見ることができる」という文章は、このたびの学習指導要領改訂を提言した中教審の文言ではない。佐藤学が１９９６年に稲垣忠彦と共著した『授業研究入門』のことばである。

佐藤氏が１９９２年に「パンドラの箱を開く」というタイトルの論文で授業研究のあり方の転換を求めた文脈と、教師主語から子ども主語への転換というコペルニクス的転回を示したこのたびの学習指導要領改訂の文脈は見事に一致している。相違点を示すならば、佐藤氏は教師主語による旧来の授業研究を否定的にとらえているのに対し、中教審はこれまでの取り組みを認めながら改善の視点として子ども主語の主体的・対話的で深い学びを提案していることだろう。

では、子どもを主語にする授業研究は佐藤氏の主張のとおりに展開するのがいいことになるのか。

佐藤学による授業研究パラダイムシフト

佐藤氏は教材解釈と発問技術を議論してきた旧来の授業研究を「技術的実践を志向する授業の科学」と表現している。

対して佐藤氏が提起した新しい授業研究は「反省的実践を志向する授業の探究」であり、教材解釈や指導計画よりも授業のなかで生起している教師と子どもの関係、子どもの学びの事実を読み取り、省察することを重視している。

技術的実践を志向する授業の科学とは、どの教室にも通用する一般的な技術的原理を追求する研究である。このタイプの授業研究の問題的状況の一例として、佐藤氏は授業開始から間もなく子どもの口が重くなり、指名なしには沈黙が続いてしまう初任者の授業を取り上げている。

ベテラン教師の授業では授業の冒頭段階で子どもは見通しを獲得し、独自の思考を展開させ、それをクラスの中で交流させている。佐藤氏は熟達教師と初任教師の比較研究で、熟達教師は授業の流れにしたがい、状況を把握し、多様な即興的思考を行っていること、初任教師はこれらの思考が弱く、熟達教師が教授の問題と子どもの学習の問題の両方を多元的に把握しているのに対し、初任教師はいずれか一方に言及が偏っていることを指摘している。

これは熟達教師と若手教師の相違だけでない。ベテラン教師でもリフレクションの機会が少なければ思考が硬直化して即興的、多元的思考ができなくなる、即興的思考ができなくなった教師は教室の中でひっきりなしに生起する事実がどこから生まれ、どこに向かおうとしているのかがわからないために、マニュアルを志向しプログラムに固執する。

佐藤氏の指摘は「主体的・対話的で深い学びとは、何をやったらいいんですか?」「どうやったら子どもが積極的に学び合うようになるのでしょうか」など、私が校内研修に招聘された場で投げかけられる質問と見事に一致する。

子どもとの関係を構築できていない、子ども同士の関係を構築できていない教師ほど、「どうしたらいいんでしょうか」とマニュアルを求める傾向にある。学び合いを取り入れようと意図する教師が「自己の考え形成→友だちとの交流→相違点の確認→自己の考えの変容」などの学び合いの流れを示したり、話し合うグループ内で司会役、記録役などの役割分担をルールとして示したりしている場合などは、学び合いは不活発になりやすい。

子どもの内からわき上がる「相談したい」「話し合いたい」という願望を察知した段階で、教師が「相談したい？」と子どもに聞けば一挙に炎が燃えさかるように学び合いの輪が広がるものである。マニュアルを求める教師はその感覚を獲得できていない。


佐藤氏と同様の指摘を海外の研究者も行っている。ジョン・エリオットはアクション・リサーチの創始者として世界的に著名な研究者だが、1991年に著した『アクション・リサーチ・フォー・エデュケーショナルチェンジ』において研究者がアカデミックな専門用語で実践的な文脈を記述することの危険性を訴えている。

教育を知識の再生産ととらえている伝統主義者は実践の文脈を無視して抽象的な概念に昇華・翻訳している。それは研究者の利益にこそなれ、実践者の利益にならない。実践的な文脈を実践者のことばで記述していき、実践の文脈を向上させるのが重要と説いている。

エリオットが授業研究に言及した2012年の論文では「若手教師は設定された授業計画をそのとおりに実行しようとし、その成功の観点から批評を受けようとするのに、熟達教師は生徒との交流のなかで得られた経験から反省的な自己批判を行い、自分の指導計画を修正している」と記述している。

若手教師を育てるのは理論適用型でも徒弟制的に指導者がマンツーマンで指導技術を教えるのでも非効率ととらえ、実践におけるリフレクションの機会を与えること、それを通じて若手教師が成長し続ける力を獲得することが重要であり、その機会を提供するのは、単一の時間でなく長期に及ぶ授業研究の取り組みだと説いている。エリオットは日本の文脈を見事に理解して佐藤論と同じベクトルで授業研究を評している。

ここまで佐藤学、ジョン・エリオットの論を礼賛的に紹介した。それだけで主体的・対話的で深い学びが実現できるのか、私はそう考えていない。次に紹介する石井英真論を加えることで、初めて全体像が完成すると考えている。

石井英真による佐藤学批判と教授学再興の提案

佐藤学による授業研究批判は、とくに授業研究にかかわる教育方法学研究者の世界でパラダイムシフトと言える衝撃を与えた。

その後の流れを分析した石井英真（２０１９）は「『実践の理論化』をめざした教授学研究の系譜は、（中略）授業研究や教育方法学の歴史から忘却されることとなり、「教えることから学ぶことへという二項対立図式と『学び』の一面的強調によって『教えること』を対象化する理論的関心や教えるという営みの主体性や規範性への問いはタブー視され、空洞化することになった」と批判している。

石井氏は２０２０年に『授業づくりの深め方』を刊行した。冒頭の小見出しに「日本の授業と教授学の再評価へ」と記述しているように、１９９０年代以降に軽視され続けてきた教授学の再興を意図した書と言える。

副題に「『よい授業』をデザインするための5つのツボ」と記しているように、「目的・目標を明確化する」「教材・学習課題をデザインする」「学習の流れと場の構造を組織化する」「技とテクノロジーで巧みに働きかける」「評価を指導や学習に生かす」という授業づくりの五つの視点について解説している。

石井氏の視点は、国立教育政策研究所が整理した、学習者による学びの改善と授業者による授業の改善の往還の必要性と重なっている。すなわち、佐藤提言以降活性化した子どもに焦点をあてた授業のリフレクションや子どもを主語にした主体的・対話的で深い学びの意義を認めながら、それらを実現するためにも教授学で積み重ねられてきた授業改善の視点の意義を再提案するものとなっている。

石井氏は教育方法学の世界で起きたパラダイムシフトを逆に戻そうとするのでなく、新たなパラダイムの提案をしようとしているのだろう。そのように意図を解釈したとき、それが現場に与える影響がどうなるのかを検討してみたい。

すでに存在している5つのツボ

次の表は、国立教育政策研究所が整理した教育委員会作成の授業の指針（表1）を、5つのツボの枠組みで再整理したものだ（表2）。石井氏が提案する5つのツボは、教育委員会がすでに提案している授業改善の指針と重なっている。

石井氏は1990年代以降、「学び」が一面的に強調され「教えること」が軽視されるに至ったと批判しているが、教育方法学の世界ではそうであっても授業研究や指導主事が授業を指導する場面では、従前と変わらず授業者を主語とした教授法に関する指導や検討が続けられてきた。石井氏が復権を目指す教授学は、教育方法学研究者と交流のない場所で、独自の文脈で存在し続けていたのである。

したがって石井氏が提案する5つのツボは教師たちにとってさほど新しくない、既知の事項を再整理したものと受け止められるだろう。それは意図に沿うものかどうか。

教育委員会作成の授業の指針
・資質・能力を焦点化する（つけたい力を明確にする） ・単元や各授業の目標を把握する ・ねらいを達成した子供の姿を具体化する
・子どもが明らかにしたくなる学習課題を設定する ・教材の価値を把握する
・既習事項を振り返る ・具体物を提示して引きつける ・子どもが自らめあてをつかむようにする ・学習課題を解決する方向性について見通しを持たせる ・子どもが自分の考えを持つようにする ・思考を交流させる ・交流を通じて思考を広げる ・協働して問題解決する ・単元及び各時間の計画を立てる
・子どもの思考を見守る ・子どもの思考に即して授業展開を考える ・子どもの考えを生かしてまとめる ・その日の学びを振り返る ・新たな学びに目を向けさせる ・板書や発問で教師が子どもの学びを引き出す
・目標の達成状況を評価する

表２　「５つのツボ」と教育委員会作成の授業の指針

石井英真「５つのツボ」
目的・目標を明確化する
教材・学習課題をデザインする
学習の流れと場の構造を組織化する
技とテクノロジーで巧みに働きかける
評価を指導や学習に生かす

5つのツボは、多くの学校で議論されている指導案の構成項目と重なる。教科および単元の目的をいかに深く理解しているか、教材をどのように解釈しているか、目指す子どもの姿をどのように想定しているか、それを実現するための戦略をどうするかが問われている。

そのような議論の場がベテラン教師の独壇場となり、若手教師はそれを受け止めるだけとなったり、指導されたとおりに指導案を修正することばかりを意識して子どもを見取ることができなくなったりする。佐藤学の授業研究批判はそのような問題状況に対する危機意識が背後にある。

石井氏も佐藤氏と同じ問題意識を強くもっているのだが、解決策を5つのツボで示されると、教育委員会の授業の指針とどう違うのか理解しがたい教師が増えるのではないかと危惧する。

私は石井氏の提案の意義は、5つのツボ自体というよりも、その根拠の示し方にこそあると考えている。書の随所に齋藤喜博、東井義男などの日本の伝統的スーパーティーチャーの姿を紹介し、そのうえで「伝統的なよい授業から何を引き継ぐべきか」と問いかけている。

伝統的な練り上げ型一斉授業の意義を認めながら、それは一つのスタイルであり、別の「理想の授業像」がありうることを認めており、そのなかにはいわゆるアクティブ・ラーニングによる授業や子ども一人ひとりの自律的な学習を認める授業スタイルが含まれている。

石井氏のこのたびの書の意義は、既存の教授学の再興でなく、それぞれの教師が、各地域で実践されてきた授業の歴史を踏まえながら、独自の目指すべき授業像を構築していくことを提案しているところにあると考えている。

教授学か共同体か

『授業づくりの深め方』には次のような記述がある。

「授業者からの一言の後、ベテランなど発言力のある一部の教師だけが発言し、最後は外部講師が一般的な話でまとめて儀式的に終わる」ように「事後の検討会が形式化・儀式化したり、教師の指導技術の論評会になったりしている（だから授業研究をやりたがらない）といった傾向に対して、子どもたちがどう学んでいたかを話題の中心として、事後の検討会を充実させる取り組みも広まっています」。

これは、佐藤学による授業研究批判とその後の学びの共同体運動を指しているのだろう。

その動きに対して石井氏は「多くの場合、事前検討会は、授業の構想を練ることではなく、指導案を仕上げることに矮小化されています」と佐藤氏の問題提起を認めながら、同時に「こうした近年の校内研修の在り方については、『授業の構想力』を育てるという視点の弱さを感じざるを得ません」「子どもの事実を軸にした事後検討会は、指導案づくりを否定するあまり、授業の構想をどう進めるかを主題化する点で弱さがあり、子どもの姿（学びの瞬間）のレベルで議論が推移し、教師の教えとの関連でそれを検討する視点を欠きがちです」と、学びの共同体的授業研究会を批判している。

学びの共同体批判に続く石井氏の提案は、授業の構想力を育てることの重要性、その具体的視点としての5つのツボということになろう。

以上のように石井教授学の論旨を踏まえたうえで、二つの疑問が生じる。一つは石井氏が主張する授業の構想力を佐藤氏は否定するだろうかということ。もう一つは、旧来の教授学中心の授業研究は授業の構想力の視点を欠いているか否かということである。

第1の疑問に関し、佐藤氏の著述に明記されているものは見当たらないが、私が佐藤氏の指導場面を数度参観した際には、授業の構想力をかなり意識して講評している姿をみた。佐藤氏は石井教授学の提案をおそらく否定していないのではないかと、私は推測している。

つまり、二人とも現状の問題意識は一緒であって、提案する授業研究会の視点が異なっているだけなのだ。

私は「佐藤 vs 石井」すなわち、「子どもに焦点をあてた授業観察 vs 教授学」のいずれを重視するかという質問を、訪れた授業研究会の場で投げかけ続けている。

結果は、学びの共同体に取り組んでいる学校でも、教科教育法に取り組んでいる学校でも、教師の回答は「両方」というのが大部分である。これが第2の疑問につながる。

指導主事や教科教育法の専門家が指導する教授学中心の授業研究においては、石井氏が批判するように教師の授業の構想力を育むよりも、形式的に指導案の記述内容や発問などを修正する指導がなされる場面は多い。

だが、そのような指導をしている当人に教師の構想力の必要性を問うならば、それは「当然必要」という回答が返ってくる。子どもの学びの見取りも同様だ。実際に行われているか否かは別にして、石井氏が提案する視点は、多くの教師たちがすでに意識しているものである。

石井提案の意義

では、『授業づくりの深め方』で提案したことの意義は何になるのだろうか。

私は佐藤氏の授業研究批判を受けて、教授学の視点から共同体的視点に転換しないといけないというプレッシャーを感じながらも、教授学の意義を認めるべきと考えていた一人である。私自身が混沌と隘路に陥っていた思考を、石井論は見事に整理してみせた。同じ思いの教師たちも少なくないはずだ。

佐藤氏の言説は読みようによっては既存の授業研究を全否定しているようにみえる。石井氏は教授学のこれまでの積み重ねをポジティブに認め（というよりも、彼自身は教授学の積み重ねのうえに自らの論があると考えているはず）、現代的文脈に再整理している。それが第1の意義だろう。

石井論は佐藤論のアンチテーゼのごとく展開されているが、実は佐藤論の補完だととらえることもできる。すなわち、両者の論を合わせることで、これまでと違う新たな教授学体系の可能性が想定される。

第２の意義は、教授学構築の手法である。学校や教育センターが作成する研究紀要の引用欄をみると、そこには学習指導要領、学習指導要領解説、所属自治体の教育指針以外のものがあまり記述されていない。指導した研究者の書籍が入ることはあるが、関係する教授学の先行研究をレビューしたうえで構築したものではない。実践研究の方法論が汎用性や一般性をもつものとして確立しているのであればよいが、実際にはそうなっていない。

石井氏は、学校や教育センターにおける教授学研究が研究者の手法とかけ離れている現状に対し、研究者的手法で教授学にアプローチする手法を示している。５つのツボは、表面的には教育センターなどで育まれてきた実践研究的教授学と同じことを言っているようにみえるが、方法論が異なっており、研究者的手法で構築されている。

石井的研究方法論で実践研究の方法論が変わる可能性がある。佐藤提案が授業研究のパラダイムシフトをもたらしたのと同じように、石井提案は学校現場における実践研究の手法を大きく変える可能性をもっている。

図6　石井英真による授業づくりの5つのツボ(石井、2020、16頁)

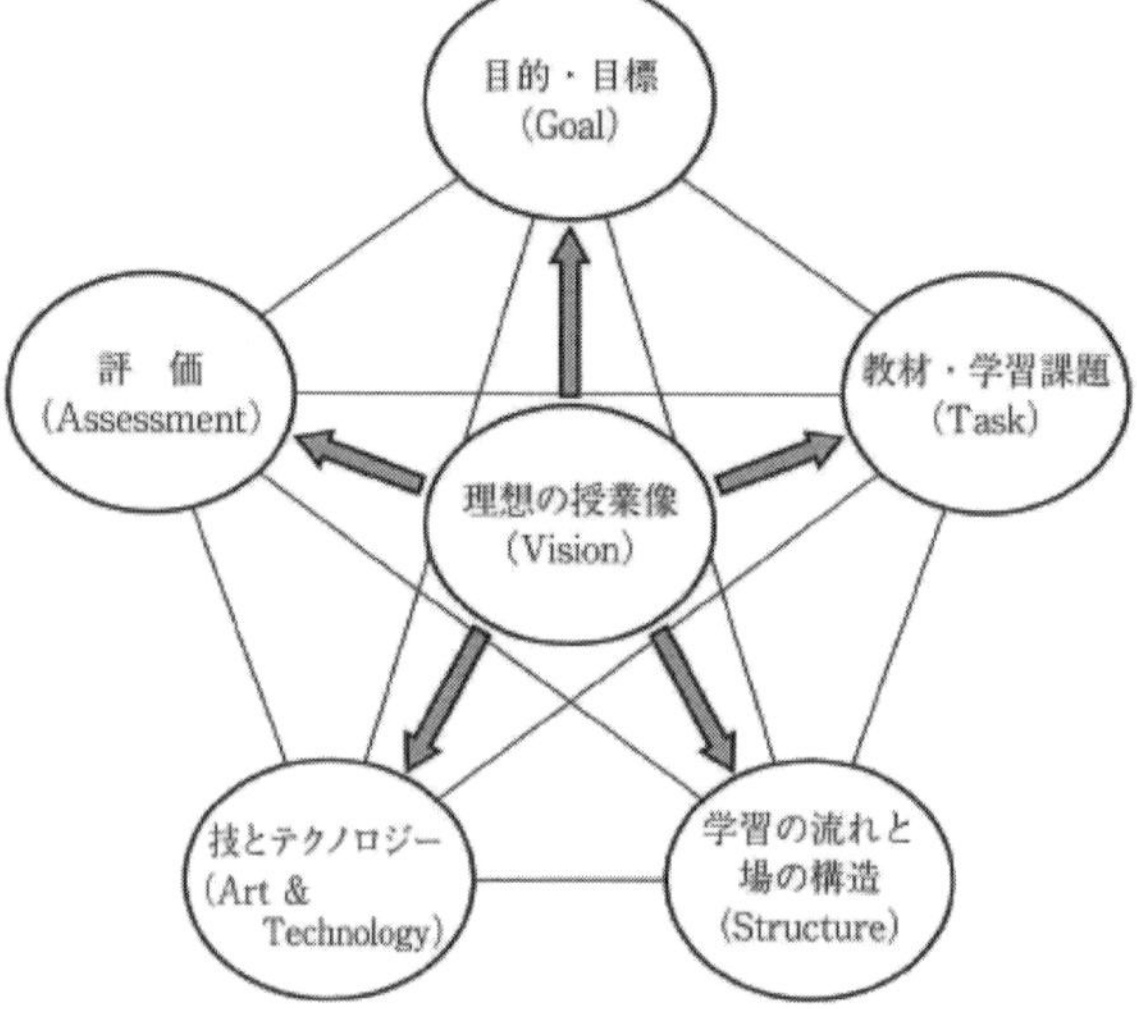

石井教授学を進展させるために

石井教授学は次の図式を基盤にしている(図6)。『授業づくりの深め方』の中で5つのツボとして提起したのは、目的・目標、教材・学習課題、学習の流れと場の構造、技とテクノロジー、評価という授業づくりの視点である。

これらの視点が子どもの学びに焦点をあてすぎていた学びの共同体論へのアンチテーゼとして示された意義は認めるが、本書の文脈からすると、この図式の中心部にある「理想の授業像

（ビジョン）」についての考察が不十分に思われる。

ビジョンについて、石井氏は次のパターンを示している。

●齋藤喜博や東井義雄に代表される、学級集団で学ぶ意味を生かして、一人ひとりの考えを出し合い練り上げていく授業
●思考を表現しつつコミュニケーションしたり、ペアやグループでカフェのような雰囲気で話し合ったりする学習者主体の参加型授業

日本の教師の多くがイメージするだろう授業の理想的な姿をうまくまとめている。前者が古典的な授業で、後者がいわゆるアクティブ・ラーニングの授業ということになる。このビジョンの示し方に、授業改善上の問題点があると、私は思っている。

石井教授学は練り上げ型授業でもアクティブ・ラーニング型授業でも５つのツボを考慮していたら授業が改善されると提案している。新しい学習指導要領は練り上げ型授業でもアクティブ・ラーニング型授業でも主体的な学び、対話的な学び、深い学びが実現するように意図したら授業が改善されると提案している。

どちらも正しいのだが、それでは現在の学校現場の根本的問題が解決できない。第１

章で提案した教師の信念の問題は、石井提案の練り上げ型授業vsアクティブ・ラーニング型授業というビジョンの相違以外のところにある。

安易にマニュアルを求めがちな、マニュアルに依存するしかないという信念の打破のほうが問題なのである。その問題を解決せずして5つのツボを提示したら、5つのツボをなぞりさえすればよいとする授業研究論が跋扈《ばっこ》することになるだろう。

佐藤論にしたがって授業研究を改革したところ、4人グループの学び合いが成立せずに教室が荒れたとか、子どもの様子に関する観察結果だけを交流する事後検討会が続いて教材研究能力が衰えたなどの批判があるが、それは佐藤論の問題ではなく、技術面をなぞりさえすれば学びの共同体が実現できると解釈する考え方が問題なのである。

アクティブ・ラーニングに対して指摘されている問題点も同様だ。学習指導要領改訂に関する中教審の最終答申（２０１６年12月）においてはアクティブ・ラーニングについて「指導法を一定の型にはめ、教育の質の改善のための取組が、狭い意味での授業の方法や技術の改善に終始するのではないかといった懸念」が示されている。

アクティブ・ラーニングそのものの問題でなく、それが指導法を一定の型にはめるなどの状況に陥ることが問題なのである。

図７　ビジョン形成の図式

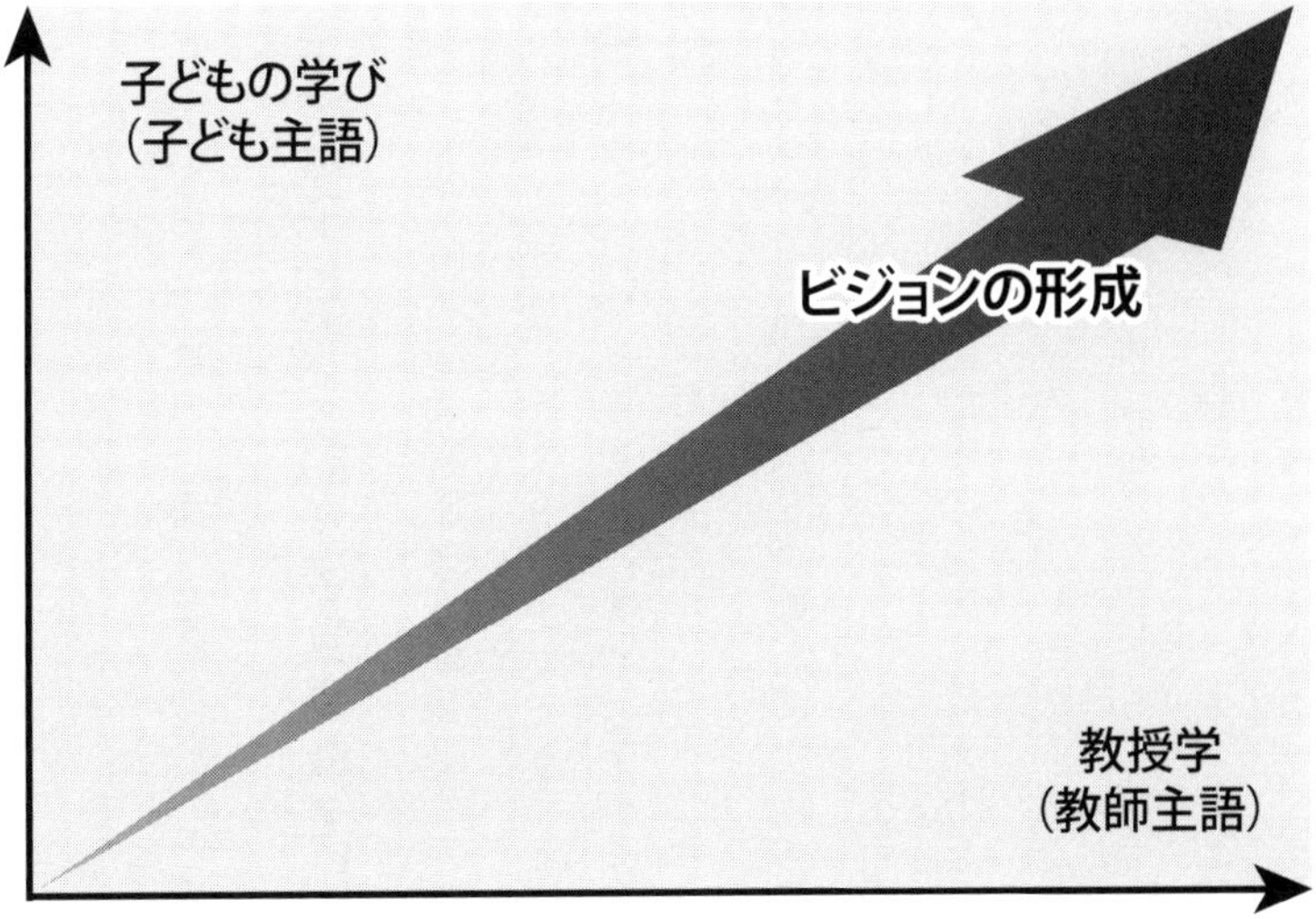

以上の考察をまとめると、ビジョン形成の図式として上記のモデルが考えられる（図７）。

石井論的に教授学に焦点をあてようとも佐藤論的に子どもの学びに焦点をあてようとも、浅い理解や考察でとどまることが考えられる。

ビジョンの矢印が根元の部分では教授学的視点も子どもの学びの視点もあまり関係ない。教師が「そうすればよい」というマニュアルにしたがって考えたり動いたりしているだけだ。

当初はそれでもよいが、徐々に矢印の先端に向かって自らを高めていく必要がある。

図では矢印の方向性は子どもの学びと教授学の中間となっているが、人によって教授学によったり子どもの学びによったりしてかまわない。このベクトルの多様性は教師に委ねられているし、その自由度を認めないと教師の主体性は発揮できない。

教師主語と子ども主語が包含されている教科教授学

ここで、元文科省視学官である澤井陽介の著書を取り上げよう。澤井氏による二つの著書、『授業の見方』（２０１７）と『教師の学び方』（２０１９）は、社会科教育法の世界で考えられている視点を示すいい事例と思われるからだ。

『授業の見方』とは、授業を参観して上から目線で授業を批評することでなく「自分自身の授業を見る目」のことである。「教師自身の問題解決学習」と言っているから、授業研究を含めた普段の授業の見方・考え方をどうデザインするかを、社会科の観点から論じている。もっとも社会科という教科を超えて、教師がどう授業研究に取り組むかを考えるうえで必要な視点を多く提供している。

授業の見方に教師の側からみるベクトルと子どもの側からみるベクトルの両方があると語り、図５で示した教師と子どもの視点の往還と同じことを提案している。つまり、学習指導要領改訂は教師主語から子ども主語への転換を目指したのだが、国立教育政策研究所の分析と澤井氏はともに、両方の観点が必要と提言している。

澤井氏による主体的・対話的で深い学びの解説は、社会科における子ども主語と教師主語のとらえ方をよく示している。「主体的学び」とはどのような状態かを、中教審答申を引用したうえで次のように語っている。

- **子どもたちの疑問が、みんなで解決していくべき「学習問題」となる**
- **学習問題の意味を自分なりに把握する**
- **予想を出し合って見通しをもてるようにする**
- **みんなで力を合わせて調べたり考えたりする**

これらの視点は主語が「子ども」であることが明確だ。そのうえで澤井氏は、子どもが主体的な学びをするために、次の工夫が必要と示している。

- **子どもたちの素朴な気づきや疑問から学習問題を設定する**
- **学習問題のイメージをできる限り共有させる**

この記述の流れは、まさに子ども主語と教師主語の往還である。

また「対話的な学び」については、次のように語っている。

●社会的事象の様子や特徴について気づいたことをつなぎ合う

●予想を出し合ってより精度の高いものに絞り込む

●予想に基づいて調べる際の学習計画を相談する

●観点や事項を分担して調べて多様な情報を集める

●社会的事象の特色や意味について、異なる立場に分かれたり視点をいくつか設けたりして話し合う

●調べたことをもち寄って作品化するなど学習のまとめをする

これらの対話的な学びを促すための教師の留意点として、ネガティブな指導の例を示している。

●子どもたちが多様な意見を言っているのに、教師が間に入って発言内容を解釈してしまう

●子どもの意見を教師1人がうなずいて次の指示に移ってしまう
●子どもが単語で発言したのに、教師が文にして板書してしまう
●教師の指導意図に引き寄せて、子どもの発言内容を言い換えてしまう

「深い学び」については、社会科固有の見方・考え方を示しながら、子どもが見方・考え方を働かせるようになるための教師の意図的な仕掛けの必要性を語っている。それは見方・考え方を子どもが自覚するのでなく、子どもが主体的に問題解決に取り組んだ結果として見方・考え方が働いていることが読み取れればいいということである。『授業の見方』における澤井氏の記述は、授業をみる視点として子どもの側に立った視点と教師の側に立った視点の両方が必要であることを示している。

同じ構図が『教師の学び方』でもみられる。この書は第1章「子供の実態から学ぶ」、第2章「授業の本質から学ぶ」という章立てであり、やはり子ども側の視点と教師側の視点の双方を大事にしている。

「子供の実態から学ぶ」章においては、子どもの振り返りの例として「今の時代にこそ織田信長みたいな人が必要ではないかと思う。本当に世の中を変えられるのは強いリーダーシップしかない」「誰がトップになるかによって自分の人生が変わってしまうなんていやだ。現代に生まれてよかった」などをあげ、このような振り返りは主体的な学びが成立した際に可能となるものであり、そのためには教師の働きかけが必要としている。「授業の本質から学ぶ」章では、主体的・対話的で深い学びを実現するために教師が自問するときに、主体的学びと対話的学びは子どもの状態に注目すればよいが、深い学びについては教師自身が「単元の目標を実現しているか」「教材研究を重視しているか」「学ぶプロセスを重視しているか」などの教師の側に立った自問が重要と説いている。

澤井氏の著書は、日本の教師たちが伝統的に取り組んできた授業研究における、教師の側と子どもの側の両方の視点を包含した考え方を顕著に示している。その意味では、この2冊は石井氏の著書と同じように教師のバイブルとなり得るだろう。

結論

子ども主語も教師主語もどちらも必要

教師主語ですすめられてきた授業研究が抱えがちだった問題点を子ども主語とすることで解決しようとした意図は「主体的・対話的で深い学び」と佐藤学論に共通する。だが、実際には教授学という教師主語の検討も必要だという主張が石井英真から提起されていること、澤井陽介の著書には子ども主語の視点と教師主語の視点がともに含まれていることなどから、どちらも大事だと結論づけることが妥当なのだろう。

重要なのは、どちらに焦点をあてるかではなく、安易な思考に流れがちな教師の信念の打破である。

子どもの学びについても教授学についても、どう考えていくべきか。次章では、その問題を実践研究をめぐる議論と絡めて考えていく。

第6章

リフレクションの段階をのぼる

実践研究への批判

前章では授業研究の方法論に大きく、子どもを主語にした授業研究（主に学びの共同体）と教師を主語にした授業研究（教授学など）の2類型があることを示した。

学校が取り組む授業研究はこの2種類のいずれかを選択するという考えでなく、いずれの要素を取り入れるかという発想で構築していく（実際には2類型の間で揺れ動く場合が多いが）。そこで、どのように授業研究をデザインしたらよいかを、授業研究の成果として示される実践研究に関する議論をもとに考えていく。

実践研究とは、学校が年度末や研究発表会時にまとめている研究紀要などの冊子、教育委員会や教育センターが定期的に刊行する紀要や研究報告集などに記述されているものであり、前章で論じた教育委員会作成の授業の指針も実践研究の成果をとりまとめた一種である。

教育学研究においてもその方法論についていろいろ議論があるところだが、学会が組織され、その機関誌に投稿された論文の審査基準が明確化し、審査に合格することが学会の求める客観性を担保するものと広く受け止められている文脈において、実践研究よりも学問性、客観性が保障されているととらえられる。
対して、実践研究はその方法論について多くの問題点が指摘されている。

訓詁学的な教育センターの実践研究

私はかつて、教育センターの研究指導の依頼をいただく機会が何度かあった。実践研究論文の書き出しは「新しく告示された学習指導要領では～」と学習指導要領と学習指導要領解説の記述が引用され、そこから研究テーマの設定理由が語られることが多い。たびたび尋ねられるのも「学習指導要領をこのように解釈しました。これでよろしいでしょうか」ということだ。

国の見解はすでに文章化している。明らかな誤読であれば指摘することになるが「このような解釈も可能ではないか」という読み方は、教育課程行政においてもとより想定されていることだから、自由にやればよい。それでも、教育委員会の担当者は国の関係者に確認して承諾を得た（お墨つきとでも言うのだろう）ことにこだわりたいようだ。「その解釈はかまわないのですが、他県のセンターの解釈はどうですか」と聞くと、読んでいないとの回答。研究者の研究スタイルであれば、先行研究をレビューしてその問題点を検討して論文の主題の必要性を説明する。同様の手段をとるように助言すると「それはできない」との回答。「引用するのであれば、そのセンターの了承を得なければならない」という理由だ。

部外秘の文章ではない。ほとんどの教育センターは紀要として冊子を刊行し、図書館や他センターに送付している。インターネット上でPDFを公開する教育センターも多い。なのに、許可なしに引用することはできないという価値観（迷信）が流布している。

私が教育センターと密に交流したのは5年以上前だが、最近の教育センター論文をいくつか検索してみても、やはり他センターの引用がない。実践研究論文を書いた体験をポジティブに語る教師は少なくないが、他者が書いた実践研究論文が自らの実践に与えた影響を語る教師はほとんどいない。

教育センターの研究は、学習指導要領の項目にしたがったものが多い。「主体的・対話的で深い学び」「カリキュラム・マネジメント」「見方・考え方」「情報活用能力」というキーワードは当然だが、教科別にみると、学習指導要領改訂にしたがって新たに登場した内容項目に関するもの、たとえば国語における「情報の扱い方に関する事項」「自分の思いや考えを広げる」、社会における「社会への関わり方」「社会の情報化と産業の関わり」などである。

それらの改訂事項について、学習指導要領および学習指導要領解説の記述内容を引用し、それに教育センターとしての解釈を加えて研究仮説を設定して協力校で実践する。その成果を紹介しながら研究仮説が検証されたと、まとめるのである。

このような研究スタイルにおいて、学習指導要領自体が検証の対象になることはない。学習指導要領をいかに解釈するかという姿勢で研究がすすめられる。これは儒教の教えを解釈していった訓詁学に似ている。訓詁学は経典の語句の意味を解釈するものとして出発したが、その解釈の形骸化が指摘されることになった。

そのような訓詁学的な実践研究が蔓延している。学習指導要領を経典のごとくとらえ、いかに解釈するかが重要になってくるので、実証研究の積み重ねで新たな理論を構築する発想は希薄になってくる。

演繹的思考が続いてきた日本の公教育

私と似た認識が苅谷剛彦の著『コロナ後の教育へ』（２０２０）で示されている。苅谷氏は戦後の教育改革をリードしてきた教育政策の言説は演繹型思考となっており、抽象度の高い理想や概念を、抽象度を下げて論じようとする思考形態が主になっていると批判的に論じている。

そこで多用されることばが「周知・徹底」であり、国が生み出した「主体的・対話的で深い学び」「カリキュラム・マネジメント」などのことばが内包するだろう問題点や矛盾についての議論を封じ込め、予定調和的に新しい概念を普及することが「周知・徹底」ということばに込められている、と論じている。

苅谷氏の演繹的思考論は、前節の教育センターにおける訓詁学的研究の要因を説明してくれる。学習指導要領などの国が新たに示した概念を演繹的に思考しようとするならば、他の教育センターの考えの引用よりも、国の考えをより妥当に解釈することに重点をおくのは当然だろう。

もっとも、苅谷氏は演繹的思考形態のアンチテーゼとしてイギリス・オックスフォードにおける帰納的思考形態を示しているが、それが日本において有効な打開策となるかは疑問だ。

なぜならば、日本で、とくに学習指導要領に関して新しい概念が形成されるときは、現場目線の帰納的思考で検討されるからだ。学習指導要領の成果は教育課程実施状況調査で測られることとなっているが、ペーパー調査で判明できるのは限界がある。

そこで検討に付されるのが、文部科学省の教科調査官が講演や授業研究指導などで得た現場情報である。教科調査官の週末は、学習指導要領作成や学力調査などのための会議で埋められている。そのためにウイークデーに代休を取得できるが、多くの調査官はその代休日に現場に足を運んでいる（そこまで働いて、彼らが手にする給与は教員時代よりも低い……まったく頭の下がる人たちだ）。

教科調査官が得た情報は定期的に開催される教育課程課との会合で行政職に提供される。

加えて教科調査官が学習指導要領作成などのために開催している教科ごとの協力者会議のメンバーの多くは全国から集められた、選りすぐりの現職教員や指導主事たちである。国としては、常日頃から現場の情報を収集しており、それらの情報は帰納的に将来の施策を議論することに役立っている。

都道府県教育委員会の議論も同様だ、施策の考案者のほとんどは指導主事であり、彼らも日常的に現場に足を運んでいる。

日本の問題点は、それらの帰納的思考が営まれている場がブラックボックス化していることだろう。帰納的思考で100％教育課程施策が形成されているわけではない。

今日の意思決定システムであれば、国民の信託を得た議員やそのなかから任命された省庁の幹部からトップダウン的に新しい施策が示されることは避けられない。行政官はそれが現場に降りた際に予想される混乱や効果を説明し、現実的な施策となるよう働きかけるのだが、その説明が功を奏さない場面が増えているようである。

内部の人間であればどれが政治案件で、どれが現場の実態に即した帰納的思考で形成された施策であるかは承知しているのだが、それをブラックボックス化していずれも必要な施策として説明するのも、日本の行政官の思考形態である。

かくしてトップダウン的に示された施策を演繹的思考で「周知・徹底」しようとする教育関係者が増えているのではないか。そして、実践研究がその手段と化する現状が維持されることになっているのではないかと懸念される。

「教えてください」文化が支配する授業研究

授業研究の事後協議会で講師が教師に「教えてください」と求められる場面は多い。訊かれる内容は学習指導要領の解釈だったり、指導法だったり、学級経営だったりなど多様なのだが、なぜこれほど質問が多いのだろう、と疑問に思っていた。ことばで説明できるものであれば、テキスト化すればいいからだ。そうなっていないのは、テキスト化できないものが実践には多く含まれており、そのなかで子どもの反応を瞬時に判断しながら授業は営まれている。

だが、授業研究の場では前章で紹介した澤井陽介のように多様な実戦経験をもとに獲得した暗黙知の世界を身体化した指導者がいるのも事実であり、そのような名人であれば教えることのできる場面は多くあるのだろうと予想する。

問題は、教えてもらうことと自分で創意工夫することのバランスだ。演繹的思考・訓詁学的文化においては、講師にいろいろ教えてもらうことが研修と考えても不思議はない。そのような文化をどう変えていくことができるか。

実践研究に向けられている批判

教育センターだけでなく、附属学校や公立学校が毎年作成している研究紀要についてもこれまで多くの論者が批判している。

渡辺貴裕（２０２１）は学校における実践研究が「○○すれば、△△になるだろう」

という研究仮説を定めておいて、それを検証授業を通して検証していくという「仮説－検証」図式が共通していると分析している。

仮説と検証の関係が明確であれば問題ないが、仮説がそもそも曖昧であり、仮説が否定されることがなく、仮説が成り立たなかったことが書かれた研究紀要はないと批判している。

学校における実践研究が仮説－検証図式になっているのは、この図式を用いなければ研究にならないという強固な思い込みがあること、この考え方は1990年代後半以降に一般化してきたと考えられること、その要因として当時刊行された実践研究の進め方に関する書籍が考えられることを指摘している。

向山洋一（1983）は実践研究に対する素直な疑問を呈している。「毎年、全国の学校で万を超える研究紀要が発行されている」「こんなにも研究が盛んであり、研究紀要が発行されているのであれば、教育の内容、方法、技術はものすごく発展してきたと言っても良い（はずである）」などの疑問を呈したうえで、ある附属小学校の研究紀要を取り上げ、研究主題が「広大無辺なテーマの巨大さ」であり、これだけのテーマを「わずか2、3名で、しかも一年間で研究する」と皮肉たっぷりに書き、結論は「一般的な俗言」

と喝破している。

教育センターの紀要論文には、末尾に大学研究者が助言者としてあげられていることが多い。研究方法論の弱さを研究者の指導でカバーしようという考えだろう。だが、研究者の視点で教育センター研究にかかわると、研究指導というよりもカルチャーギャップに悩まされてしまう。引用をめぐる考え方は前掲のとおりだし、仮説－検証図式にしても、通常の研究者であれば仮説自体が成立していないと批判するはずだ。

教育センター側は助言者としての研究者を複数回招聘する予算を組んでいるのに途中から来なくなる研究者がいるらしい。

かくのごとく、教育センターの実践研究は研究手法について課題が多い。

学校の研究紀要は1年間実践した授業研究の報告という意味合いが強い。研究授業の指導案を並べて掲載して研究紀要としている学校もある。

それでも、外部からの参観者を招く研究発表会の際は学校としての研究仮説とその結果を研究主任がプレゼンしている。その実際を確認するという文脈で参観者は公開授業を参観するのだが、研究仮説と授業との関連は希薄である場合が多い。

学会の実践研究への視線

では、実践研究は方法論的に全否定されるべきものなのだろうか。

研究者の団体である学会は、審査基準が明確に示され、審査（査読）に合格することが学会の求める客観性や実証性を担保するものと受け止められている。教育学関係の学会には実践家が会員となることも多いため、当然実践家が論文を投稿することもあるが、それが査読に合格することはむずかしい。

市川伸一（1999）は日本教育心理学会の機関誌に関し「実験や調査を行って得られたデータを統計的に解析するという、いわゆる学術的な方法論に基づく研究が大半を占め、日常的な教育実践を直接扱った研究や、授業や教材を開発して評価するという研究はほとんど掲載されることがなかった。教育心理学が学問としての専門性や学術性を高めることは重要だが、教育現場との結びつきという意味では、このような学会誌の現状に対して内外からの不満、批判はしだいに大きくなっていったと考えることができる」と問題提起している。

そのような問題意識のもとに同学会では学会誌に「実践研究」の枠を設けるに至るの

だが、次は実践研究の審査基準の設定が課題として浮上してくる。結論として「①洞察力、②構想力、③解釈力、④表現力」が提示され（市川ほか、２００７）、実践研究が掲載されるに至っている。

なお、同学会の編集規定は「原著論文の内、実践研究は、教育方法、学習・発達相談、心理臨床等の教育の現実場面における実践を対象として、教育実践の改善を直接に目指した具体的な提言を行う教育心理学的研究を指す」と記されている。

他の学会でも学会誌に実践研究の枠を設けているものは多いが、その定義が明記されているものは少ない。日本学校心理学会は「著者自身の実践または著者が観察した実践をもとに、心理教育的援助サービスについて検討する（略）同時に、理論的枠組みを活用して実践について考察する」ことを実践研究の定義として示していることなどが数少ない例になる。

簡略にまとめると、研究者の査読論文よりは甘い基準で査読し、実践事例の記録と交流を図っているのが、教育関係学会の実践研究とまとめることができるだろう。この実践研究の枠組みは、前述した教育センターや学校の実践研究の方法論を追認しているのではなく、学会の査読基準を緩めることで対処していると解釈したほうがよい。

この教育関係学会の流れは、実践研究の方法論が実証研究の観点から問題あるものの、その成果を機関誌に掲載することの意義が認められていると解釈できる。

そこで、なぜ学会は実践研究の成果を機関誌に掲載しようと思うのだろうかという疑問が生じる。実践研究自体の意義が暗黙のうちに認められていないと、そのような動きにならないはずだ。

リフレクションレベルによる実践研究の類型化の試み

実践研究の意義を考えるうえで、マックス・バンマネン（1977）が提起したリフレクションの類型を参照したい。バンマネンは、リフレクションを技術的リフレクション、実践的リフレクション、批判的リフレクションの3段階に区分している。


技術的リフレクションとは、ある目的を達成するために、汎用的な原則を技術的に応用することである。ところが実践の場では相反する原則が存在し、複数の技術的勧告が可能な場合が多い。教育上の意思決定を行う際には本人の教育経験の解釈的理解をもとに実践的な選択を行うこととなる。そこで働くのが実践的リフレクションになる。

実践的リフレクションとは、個人的な体験、認識、信念などを分析し、実践的な行動を方向づけることである。実践的リフレクションの背後には教育目標や教育経験が存在している。

それらの価値を深く考え、その背後にある社会的な制約やイデオロギーを批判的に省察するのが批判的リフレクションである。

以上のバンマネンの枠組みを参考に、本書におけるリフレクション類型を以下のように考えてみた。

「技術的リフレクション」は、汎用的な技術や手法を授業に適用していくことだと解釈できる。初任者が初任者指導員に教えられたとおりに指導案と板書計画を作成し、そのとおりに授業する光景が該当するだろう。授業のなかで想定と異なる発言が子どもから出てきても、技術的リフレクションだけでは対処できない。

ある授業研究の場で、子どもが想定どおりに発言しなかったことについて、「考えられる子どもの発言とそれへの対処をあらかじめ指導案に書いていたらよかったのではないか」と発言した教師がいた。実践的リフレクションで対処すべき場面に技術的リフレクションで対処しようとするとそのような発想が出るのだろう。

「実践的リフレクション」とは、教師が授業場面に応じて行っている即興的な意思決定のことである。児童・生徒の問題行動や学級経営など固有の文脈に即した問題解決思考もこの領域のリフレクションとなる。

すぐれた教師であれば、子どもをどのように育てたいか、育てたい子ども像と教科の目的を明確に意識して授業をデザインしている（吉崎、1991）。そのうえで当初の授業デザインにこだわることなく、授業の流れ、子どもの発言を即興的に解釈し、授業デザインを修正しながら授業をすすめている。

そのような即興的対応にすぐれているにもかかわらず、目的意識が明確でない教師もいる。子どもとの関係を構築することにすぐれているものの、子どもが身につけることになる知識・技能や思考力・判断力・表現力が不明瞭な解釈のままに実践している教師もいる。

梶田正巳ら（1984）は実践的リフレクションの発達段階に言及している。梶田氏は教師が自ら構築した指導論を個人レベルの指導論（Personal Teaching Theory：PTT）と称し、若年教師のPTTは生徒や同僚、上司との相互作用を通して揺れ動きながら成長していくこと、ベテランになるとPTTが安定して構造化されてくると分析している。

秋田喜代美（２００９）は、教師と研究者が共同で参観した授業の事後検討会（カンファレンス）において、初期の段階では外部研究者から問題への対処法が示唆されれば、それをそのまま教師が実践化する変化が起こっていたのが、カンファレンスを続けるうちに、研究者から出された対処法をそのまま実践化するのではなく、教師自身の中で問い直しや問題の再構造化というリフレクションが起きたこと。そのなかで実践の意図が明確になるなどの経験が生まれ、問題や行為の意味を再解釈し、同じ結果をもたらす別の対応など、教師自らがデザインした対処法を実践化することも生まれていったことを紹介している。

秋田氏の事例は梶田氏が個人レベルで注目していたリフレクションの構造化が集団レベルでみられることを示している。つまり、実践的リフレクションには、問題状況に対応して揺れ動きながらリフレクションする段階と、リフレクションが構造化され、一貫した実践に結びつくリフレクションの段階があるということである。

そのリフレクションの発達に教師の個人的な実践経験の積み重ねが影響することは言うまでもないが、学校の集団的な取り組みが影響することもある。

「批判的リフレクション」とは、授業において意識すべき目的自体を常に見直す姿勢と考え方である。どのような子どもを育てたいかを考え、それを日々の実践と結びつけている。目指す子ども像は教育基本法などの法律や学習指導要領が定める教育目標と連動する。

しかし、それらに縛られるのでなく、法律などが定める教育目標自体もリフレクションの対象とするのが批判的リフレクションとなる。バンマネンの定義によるとそのような状態を批判的リフレクションと称するが、現実の教師は学習指導要領を肯定的にとらえている場合が多い。そのうえで育てたい子ども像を主体的に考えている教師のことを、批判的リフレクションを行っている教師と称してよいだろう。

育てたい子ども像は常に変容している。子どもは教師の意図どおりには動かないし考えないからだ。子どもの考えを鋭敏に受け止め、指導意図を柔軟に見直しているのが批判的リフレクションの姿と言えよう。

バンマネンの枠組みを使うと、ここまで紹介した問題事例のすべてを説明できることとなる。

技術的リフレクションの場面

多くの授業研究の場でみられる「教えてください」文化は技術的リフレクションの範疇に入るだろう。定型的な教授法を知識として教えてもらう、教えてもらったとおりに実践するというのは、まさに技術的リフレクションであり、教室の実態に応じた実践的思考が存在していない。

同じ問題が、指導されたとおりに指導案を修正する授業者にも言える。教科の力量が高い校内のベテラン教師、校長などに指導され、表面的には文句のつけようのない指導案が書けても、授業者が納得していない場合、与えられた指導案をそのとおりに実践する、技術的リフレクションのみで授業を行うことになる。そこにおいて教師は子どもの発言に応じて臨機応変に対応することはできない。

国の方針を演繹的にとらえようとし、訓詁学的な研究を推進しようと思考する教育センターは、技術的リフレクションのレベルで考えている故である。国が示す枠組みを使い、都道府県や市町村は学校が実践的リフレクションを行うように働きかける、その手段として授業改善の指針を示すのであれば、教育センター研究の訓詁学的性質は解消するはずである。

秋田県が作成している「学校教育の指針」は、表面的には他県が作成する授業改善の指針に似ているが、その伝え方において学校の実践的リフレクションを求めるようにしている。

教師の意思決定研究（吉崎、１９９１／佐藤ほか、１９９０、１９９１）の多くは、教師が授業の各所で即興的な意思決定を行っていることを示している。法則化される技術とは特定の場面で機械的に適応可能なものであり、そのような単純な対応が子どもとの間で可能になる場面は一部というよりもほとんどないというのが教師の実感だろう。

中教審の最終答申（２０１６年12月）がアクティブ・ラーニングについて「指導法を一定の型にはめ、教育の質の改善のための取組が、狭い意味での授業の方法や技術の改善に終始するのではないかといった懸念」を示したのは、アクティブ・ラーニングを技術的リフレクションだけで実践することの危険性を指摘したものと考えられる。

最終答申が続いて「我が国の教育界は極めて真摯に教育技術の改善を模索する教員の意欲や姿勢に支えられていることは確かであるものの、これらの工夫や改善が、ともすると本来の目的を見失い、特定の学習や指導の「型」に拘泥する事態を招きかねないのではないか」と記述したのは、日本の授業研究は技術的リフレクションよりも実践的リフレクションあるいは批判的リフレクションを促進してきたことの意義を再確認したものと言える。

石井教授学における実践的リフレクションと批判的リフレクション

『授業づくりの深め方』（２０２０）は、一見、齋藤喜博、東井義雄らに代表される、練り上げ型一斉授業の構築の仕方と進め方に関する汎用的教授学を示すマニュアル集であるようにみえる。

だが、石井英真は「本書が提示する『授業づくりのフレーム』は、実践における判断の節目（5つのツボ）を自覚化し、節目で妥当な判断を行う上での基本的な考え方を提示するもの」と語っているように、5つのツボは教師が独自の授業を創造する際の「視点」であり、それぞれの視点において教師が実践的リフレクションを行うことを提案している。

石井教授学が示す授業改善の視点は、結論だけに注目すると、第5章で考察したように教育委員会が作成する授業改善の指針と重なる。しかし、石井氏は授業改善の視点を先行研究分析（しかも歴史上定評のある実践家による先行研究）という学術的な手法で説明していることが大きく異なっている。

石井氏の説明手法を五つの視点の一つである教材研究に絞って検討してみよう。

教材研究という語は、日本では一般的に使われているためにあまり自覚されていないが、海外の研究者にとって理解しにくい概念であり、英語の論文で「kyozai-kenkyu」とローマ字で表記されている。kyozai-kenkyuの意味として、字義どおりに「教材に関する研究」と解説する論文もあるが（ヨシダ＆ジャクソン、２０１１）、タカハシ（２０１６）は学習指導要領の解釈と教科書分析に始まる一連の教材研究の流れを記述して教材研究を端的に定義していない。このように英語論文においても教材研究の定義は明確でない。

石井氏は横須賀薫（１９９０）による「教材の発掘、選択からはじまり、その教材の本質を究め、さらに子どもの実態に即して授業の構想を練り、それを授業案に結実させるまでの、教材にかかわる一連の研究活動」との定義のもとに考察を展開している。

教材の定義として藤岡信勝（１９９１）、教材研究のプロセスについては齋藤喜博（２００６）らの先行研究を引用しながら教材研究の進め方を説いている。

また、中内敏夫（1998）の教材研究論を引用しながら「教材研究で教師自身がまず学ぶ（テクスト・資料・現実の問題や事象といった対象世界と対話し『教科する』）、さらに、授業においては、学んだ結果を教えるのではなく、対象世界を学習者と共有しながら、先行研究者としてそれを学び直すことが必要」と語っているのは、教材研究に批判的リフレクションを含めるべきとの考えだろう。

教材研究については、その必要性を説く教育センター作成の授業の指針は多いが、上記のような先行研究検討とことばの定義がきちんとできていないものが多い。しかも「教材研究が必要」と結論だけを記述している。

石井氏の教材研究論は、教材研究をすべきという技術的マニュアルを示すのでなく、教材研究に関するこれまでの批判的リフレクションの経緯を振り返り、独自のリフレクションの結論を伝え、読者である教師が教材研究について批判的リフレクションをすすめることを提案していると解釈できる。

石井教授学は、授業改善のための実践的リフレクションの視点を提示すると同時に、その背後にある理想の授業像（ビジョン）を自覚化することを求めている。ビジョンとは、伝統的練り上げ型一斉教授でも、いわゆるアクティブ・ラーニングなどの学習者主体の参加型授業でもいいから、授業者が取り組みたい理想の授業像のことと、説明されている。

この考え方の背後に、バンマネンの批判的リフレクションが想定されているだろうことは疑いない。

実践的リフレクションによる実践研究の例

ある中学校の国語教師の実践である。教師は古典に親しみを感じきれない生徒が古典に親しむ態度を育むため、自分が興味をもった古典を小学生に紹介する「古典大好きミニブック」を作成する学習課題を考えた。酒呑童子、浦島太郎、竹取物語などの古典を読みすすみ、最後に自分が気に入った場面の紹介文を作成するようにした。

次の写真はその授業で作成された生徒の作品である。「好きな理由~キモかったから」との文章に生徒本人の性格が表れているし、生徒が思ったままを文章化することを認めている教師の姿勢が表れている。

私が感心したのは、そのように生徒が思ったことを素直に文章化していることに加え、絵と文字がくっきりと明瞭に書かれていることにある。学力に課題のある生徒は中学校

写真　古典大好きミニブック、ある生徒の作品

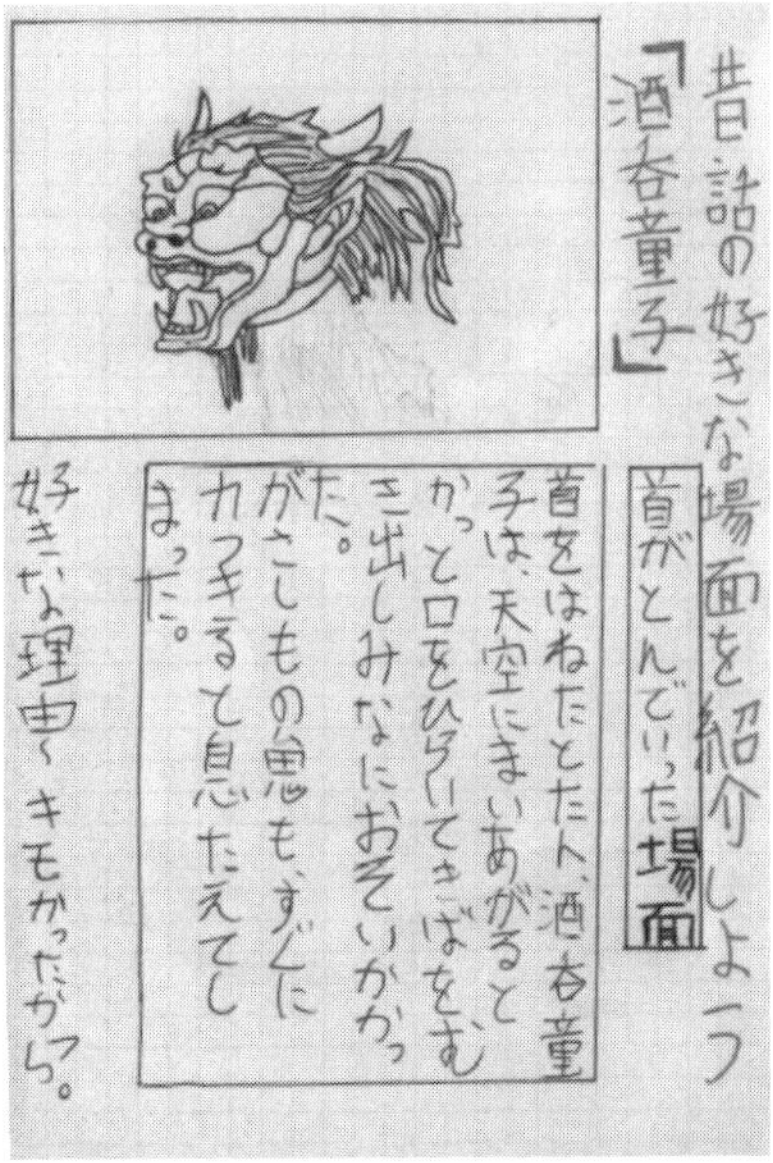
昔話の好きな場面を紹介しよう
「酒呑童子」
首がとんでいった場面
首をはねたとたん、酒呑童子は、天空にまいあがるとかっと口をひらいてきばをむき出しみなにおそいかかった。
がさしもの鬼も、すぐに力つきると息たえてしまった。
好きな理由～キモかったから。

でもノートに書く字は薄く、弱々しいものが多い。

　この中学校では書写指導に力を入れているとのことであったが、それにしても、生徒がこれだけの作品を見事な筆致で仕上げたのは、学習課題にのめり込み、作品を仕上げることに熱中したからではないかと推察される。

　この教師の実践報告は、地域の国語教育研究集会で報告されたものである。研究集会では主題を「古典に親しむ態度を育成する第一学年国語科学習指導」とし、主題設定理由、生徒の実態、単元計画、指導の実際と成果について報告している。そのような研究集会であれば、主題設定理由などについてその妥当性を問うような議論がありうるだろう。

だが、授業の成果として示されたミニブックの写真の数々は参会者を圧倒し、どうやって授業を構築していったかについての質問が相次いだらしい。上記の写真は、国語教師の実践報告書の最後に掲載されているミニブックの中の一つである。

この教師がこのような実践に取り組んだのは、その当時の生徒たちが学習に向かいにくい状況にあったことによる。ちょっとでも気に入らないことがあると教室を飛び出してしまう生徒がたくさんいたらしい。教師は、そのような生徒たちが古典というよりも学習そのものに興味をもつための単元構成を考えた末にこのような授業を生み出した。

ちなみに、この教師は、私のインタビューを受けている時期に、ミニブックを作成した生徒とSNSのやりとりをしていた。生徒は、教師が当時のミニブックを保存していることに対し、「先生のおかげでめっちゃ古典が好きになったのは、めっちゃ覚えています！　ありがとうございます！」と返信してきたらしい。

このような実践報告を目にするとき、教師たちはそこから汎用的教授法を読み取ろうとは思わないはずだ。すぐれた芸術作品を鑑賞するようにその教師の報告に耳を傾け、自分なりの実践を創り上げる意欲を燃やすようになるだろう。

このような実践報告の交流が、教師たちの力量を高めていることに疑う余地はないだろう。

伊那小学校の実践的リフレクション

実践的リフレクションや批判的リフレクションを自覚的に行い、文章化する取り組みは、実践研究の世界では多くはないが、存在している。富山県堀川小学校と長野県伊那小学校である。両校の著書や研究紀要は、授業に現れた子どもの現実に関するリフレクションの過程が綴られている。

伊那小学校が１９８２年に刊行した『学ぶ力を育てる』のはしがきに次のような文章がある。


子葉が枯れて落ちるころからのあさがおの生長はめざましかった。本葉の間を割ってつるが伸びはじめ、それは一本の竹の棒を伝って上へ上へと向かった。ところが、ひとりの男の子のあさがおの生長は芳しくはなかった。葉は厚くてたくましいのだが、つるが伸びてこないのである。

そのあさがおが萎《しお》れてきた。「水はやっているの？」と教師が問うと、「忘れていないよ。」という答えが返ってきた。

――もしかしたら、きのうあさがおを引っぱったせいかな。

――どうしてそんなことをしたの？

――だって、ぼくのあさがおだけ背が低いんだもん……

やがて、どの子のあさがおも花をつけるときが来た。花には大きいのもあったし、小さいのもあった。色もとりどりであった。子どもたちは、暇さえあれば自分のあさがおの前に屈んで、何事かをつぶやいていた。

たまたま画家が学校を訪れた。校内を巡っているとき、あさがおの前にたたずむ子どもたちの姿に目をとめた画家は、立ちどまってその様子をスケッチし始めた。

案内の教師が尋ねた。

――ああいう子どもの姿などは絵のたねになるのですか。

――何でも絵のたねになりますよ。ただね、向こうから、描《か》いてくれ、描いてくれ、と無言で訴えてくるたねに目がとまることがある。それで、こうやって描かないわけにはいかないのです。

この文章に伊那小学校の教師たちの子どもへの視線が表れている。ここで描かれている子どもの姿は、理科だろうか、国語だろうか、もしや図工か？などと思考をめぐらすことはできるだろうが、伊那小の教師たちはそのような思考は無粋と考えるのではないか。

ここでこのような体験をした子どもがその後、豊かな認知能力や表現能力を育むことになるだろう。その予感を含めた子どもの、まさにあさがおが芽を出そうとするのと同じような姿に、画家は心引かれたし、伊那小の教師もその光景を記録に残そうと考えたのだろう。

批判的リフレクションがみられる場面

多くの教師にとって批判的リフレクションの初期段階は、授業の目的を理解することではないかと、私は考えている。

指導案に本時の目的を書くのは当然のことだが、これが学習指導要領の抜粋だったり校内指導者の指導のままに書いてあったりしていることが多い。

ある学校の授業研究会での光景である。算数の専門家である助言者は「今日の授業で子どもは何ができるようになればよかったのですか」と尋ねた。その質問をもとに事後協議会で15分ほどグループ協議を行ったのだが、私は、指導案に明記されているのに、なぜ教師たちは今初めて生じた課題のように話し合っているのだろう、と疑問に思っていた。

後日、研究主任に尋ねたところ、授業者は校長の指導どおりに指導案を書いていたとのこと。批判的リフレクションがまったくない、技術的リフレクションのみで指導案を執筆しているのが、その学校における授業研究であった。

別の学校の事例である。私は授業の目的を意識してもらうことと授業準備への負担感を軽減するために、研究授業の略案には授業の目的だけを執筆するように提案した。最高にシンプルな指導案のはずである。すると、その学校の研究主任は、授業の目的だけを書かせようとすると、教科書の指導書を丸写しして提出する教師がいるので反対だと言ってきた。

つまり、その学校は指導案検討において目的部分を教科書の指導書からコピーすることを認め、その後の展開部分の妥当性を議論するのが授業研究会と考えていた。

教科書の指導書は、教科書会社があくまで参考として示しているものだし、ある程度力量のある教師は指導書どおりに授業しようとしてもうまくいかないものととらえている。しかるに教科書の指導書を教材解釈のモデルととらえる姿勢は技術的リフレクションの次元だろう。技術的リフレクションを出発点として批判的リフレクションをしようとしてもリフレクションが深まらないのは当然である。

学習指導要領を主体的に解釈し、それをもとに作成されている教科書の記述を解釈し、授業を構想する。その過程で子どもの実態と合わせながら学習指導要領の記述を超えた授業の目的を構想するのが批判的リフレクションだろう。

「内容に重大な問題があるのに、それを不問にして、授業の方法や技術のみを対象とした戦前の教育学の致命的欠陥は、こんにちにおいても十分に克服されてはいない。教科の研究とのむすびつきをもたない授業研究は、従来の『研究授業』と同じように枝葉末節の問題にのみ沈潜していくおそれがあろう」とは、１９６７年に教育科学研究会が著した『教育科学入門』の一節である。

学習指導要領に「重大な問題がある」とは思えないが、学習指導要領や教科書の指導書を訓詁学的に取り扱いがちな学校には、このような批判的リフレクションの姿勢が必要ではないかと思われる。

ある研究校の事例である。研究主題は「きまり発見の授業から理由の説明を求める授業へ」。主題設定の理由を、学習指導要領解説では日常の事象を数理的にとらえ見通しをもち筋道を立てて考察する力の育成が求められており、帰納、類推、演繹という三つの推論を並列的に取り上げている。しかし子どもにとって帰納的推論と類比的推論が取り組みやすいのに対して演繹的推論は高学年になってもむずかしい、と語っている。

学習指導要領を無批判に受け入れるのでなく、子どもの実態に応じて育成すべき力を独自に考えている。このようなリフレクションが批判的リフレクションと言えるものだろう。

福井大学教職大学院のプログラムはリフレクションを中心に構築されている。プログラム創設者の一人である柳沢昌一は、プログラムを構築するにあたり、「活性化された省察－研究の場を内部に持続的に形成してきた学校」である堀川小学校、伊那小学校の実践に学んだと語っている（柳沢、１９９１）。

そこで構築されたプログラムが目指すところは、次の大学院実践研究報告に顕著に表れている（佐々木庸介、２０１２）。

入学前は省察的実践を行っていたにもかかわらず知識が文脈に依存していた。それは

文脈を越えるような体験と、世界を越えて省察する場がなかったからである。それぞれの文脈において、考え方、理論、パーソナリティーに至るまで、全く違ったものであり、いくつかの自己内の世界が孤立して存在していた。それぞれが孤立して存在していたため世界の間に矛盾があっても危機が生じず、省察することもなかった。特に「探求ネットワークの佐々木」が考えることと、「障害児教育コースの佐々木」が考えることは全く逆の存在であり、探求ネットワークでは全体を大切にし、障害児教育では個を大切にしていた。互いに矛盾しているのだが、片方の活動をしているときに、もう片方は忘れるという形で存在していたのである（中略）。

学会などを経て、生徒の学びを他者に伝えようとするとその時の生徒をナラティブに捉える必要性があることを実感した。この時初めて「私は生徒の世界を捉えようとしていたのではなく、自己の学びを生徒の世界を使って省察しようとしているだけではないのか」と考えるようになった（中略）。

新たに学会では「実践を共有しない他者の世界」との危機が生じることになった。この危機を乗り越えるために、二者間の省察と自己の省察を行った。すると自分が生徒の世界を完全に捉えていないことに気付いた。教師の本来の仕事である「生徒の世界に危機を生じさせる授業を行うこと」を目指して生徒の世界をナラティブに捉え、そのような授業ができないという危機を乗り越えていこうとした。

この佐々木氏の実践研究報告には、いかに自己を内省し、批判的に省察しているかが現れている。初期のリフレクションが技術的リフレクションや限られた状況や場面における実践的リフレクションにとどまっていたこと自体を省察し、自らの教育ビジョンの構築に向けた批判的リフレクションをすすめている。

このようなリフレクション過程は教師の自己成長の記録として読み応えがあるし、批判的リフレクションが交流されることで、リフレクションのネットワークが拡大するだろうと予想される。

カリキュラム・マネジメントが求めているものも批判的リフレクションと言える。学習指導要領で規定されているような、学校の教育目標、各教科の教育目標を横断的に考察し、組み立てていくことを作業的に行おうとしたら、技術的リフレクションにとどまってしまう。

カリキュラム・マネジメントが求めているリフレクションは、本時と単元の目標を教科の目標とからめて解釈する教材研究を、学校のカリキュラム全体で行う思考である（その意味で、カリキュラム・マネジメントが求める世界が高度なものであることへの自覚が必要と思われる）。

汎用化を目指す批判的リフレクションの場面

実践研究の多くが採用している「○○すれば、△△になるだろう」という研究仮説の検証を目指す研究は汎用的技術を目指すものである。実践の課題を解決するためには技術的リフレクションだけでは不可能な場面が多いのだが、汎用的教授法を開発しようと意図した場合、「仮説－検証」という枠組みに拘泥することとなる。

では汎用的技術を目指す実践研究は無理なのだろうか。その可能性を探るため、『教育心理学研究』誌に掲載された実践研究論文を取り上げる。

タイトルは「子どもが主体的に考え、学び合う授業を熟練教師はいかに実現しているか」で、話し合いを支えるグラウンド・ルールの共有過程を明らかにすることを目的としている（松尾・丸野、２００７）。論文ではグラウンド・ルールに関する先行研究と定義を明確化したうえで、熟練教師の国語の授業を分析し、下記の事例のような教師と子どもの会話をグラウンド・ルールの適用場面として紹介している。

Y.K.：はい、えっと、私はいのちは大きないのちも小さないのちも全部関係なく、全部つながっていると思います。そして、全部つながって、山とか、海とかそういうのが出来上がっていると思います。

教　師：もう一声、もう一声、ここで止まっとらんめーが、Y.Kさんの考えは。ここで止まってなかったろ？

Y.K.：そして、山とか海とか、そういういのち全部がつながって地球もできているんじゃないかなと思います。

教　師：だから、私は、…だから私は、まとめてしまってごらん、自分の言葉で、Y.K.さんの考え。

Y.K.：だから、私は地球はいのちの…、

教　師：いいとこ、いいとこ、いいとこ、あなたの考えがいまできよう。地球の、…地球は、いのちの、…どうする？いのちのにするか、いのちだ、にするか。

Y.K.：…地球はいのちがたくさん、集まっていて、集まっていると思います。

教師：あ、そうやね、うん。良いとこまでいったのに。

M.M.：Y.Kさんと似ていて、YKさんと似ていて、あの、地球はいのちが集まっているっていう、ような感じじゃないかなと思います。

教師：だから、たい。だから、地球は、って一言で言えるっちゃない？Y．K．さんは自分の考えを。

O．N．：はい、私は、だから、地球は、いのちの固まりだと思います。

子ども：同じです。

教師：これは書いてなかったよね、こういうのを飛躍っていうんです。よか？今まで勉強した土台を使って飛躍した読みができてる。こういうのがいい。

教師：あるいは自分の読みを出していくことによって、人のヒントになるね。

「事例４『各自のいのちに対する思いを交流する』のトランスクリプト」

この授業記録からは、教師の教材解釈力の高さ、授業を通じて子どもに身につけさせたい力が明確であること、子どもの考えを引き出そうとする教師の姿勢など、多様な要素が読み取れる。この論文は、多様な要素がからみ合っている実践をグラウンド・ルールの共有過程に焦点化して分析することにより、グラウンド・ルールという汎用的技術を抽出している。このような思考過程はバンマネンの枠組みで言えば批判的リフレクションの範疇に入るだろう。

事例教師は自分の考えをもつこと、他者の考えとの違いを大切にすること、自分の考えを積極的に発言する挑戦の姿勢をもつこと、他者の発言を聞いて質問や反論などを積極的に行うことなどのグラウンド・ルールを、授業の文脈や状況に応じて即興的思考を働かせながら子どもに働きかけることで共有させていることを描いている。

この事例には教師の意思決定能力や暗黙知などの他の要因の存在をみることもできるが、教師が普段「学級経営」や「授業規律」のことばで成立させている規範を取り出し、その定着に教師の即興的働きかけが必要であることを明確にするという批判的リフレクションの成果を示す事例と解釈できる。

教育センターの実践研究にも批判的リフレクションの側面を見出すことはできる。教育センターの研究は国や県の方針にしたがうことを大前提に進める訓詁学的で演繹的思考が求められるものが多いが、それでも「研究に従事することで自分の教科の力が伸びた」と語る教育センター職員は多い。

汎用的な技術であれ、それを開発することに従事することで批判的リフレクションが行われていることが、教師の力量向上に寄与していると解釈できる。

結論

「主体的・対話的で深い学び」のためにリフレクションが重要

ここで課題が明確になってくる。子どもの「主体的・対話的で深い学び」を実現するには、教師がリフレクションに取り組むことである。授業研究を含めた、教師が授業について構想するあらゆる場面において、技術的リフレクションにとどまることを避け、実践的リフレクションや批判的リフレクションに取り組むことで、教師は子どもの主体的・対話的で深い学びを実現する授業ができるようになる。

この結論は、佐藤学（１９９２）が技術的リフレクションを追究する実践研究を批判して実践的リフレクションや批判的リフレクションの意義を主張したことと重なる。佐藤氏が効果的実践モデルによる授業研究を批判し協働構築モデルによる授業研究を提案したのは、協働構築モデルのほうが実践的リフレクションや批判的リフレクションに向かいやすい故と思われる。

しかし、いずれの授業研究においても実践的リフレクションも批判的リフレクションも可能である。つまり、効果的実践モデルに取り組む場合でも協働構築モデルに取り組む場合でも、必要に応じて実践的リフレクションや批判的リフレクションが行われているのであれば可とすべきであり、それらのリフレクションが文脈に応じて適切に機能しているか否かを問題にすべきと考えられる。

校内のベテラン教師や校長が指導するままに修正された指導案は、技術的リフレクションの成果であり、かえって教師を縛るものとなる。しかし、指導案の検討は意味がないかというとそうではない。

力量の高い教師は授業の目的を教科の目的や学校の教育目標まで遡って考察し、子どもの実態に応じた授業展開を構想する。そこにおいては実践的リフレクションと批判的リフレクションが往復している。

力量の高い教師はそのように指導案を作成しながら、授業に臨むにあたって、それを捨てている。時間をかけて作成した指導案を捨て去り、子どもの学びに向き合いながら授業を構築していく。

実践的リフレクションや批判的リフレクションの経緯をストーリーとして語る手法も有効だろう。伊那小学校や福井大学教職大学院はリフレクションそのものを目的として実践研究に取り組んでいる。

古典大好きミニブックのような実践は、その報告の行間に教師の実践的リフレクションの深さを感じさせている。

汎用的指導法を目指す教育センターの研究においても実践的リフレクションの過程を読み込むことができる。学習指導要領の解釈にはじまる演繹的な研究であっても、教育センターが設定した仮説を検証するために実施されている授業においては授業者の多様な実践的リフレクションが関与し、それが行間に含まれている。

そのように読むことが可能であるから、教育センターの研究紀要は刊行され続けていると解釈できる。

単なるマニュアル的な指導法を実践に転換していく技術的リフレクションは、教師の主体性が認められないために感心しない。

私がこれまでかかわってきた学校には、アクティブ・ラーニングのマニュアルにしたがった技術的リフレクションで授業を構築し、生徒が主体的な学びを実現できたところがある。マニュアル的アクティブ・ラーニングに取り組んでいたその学校は、取り組みの当初は劇的に生徒の学力が上昇したものの、ある時期から生徒の伸び悩みに直面していた。学校から依頼を受けた私がみた光景は、マニュアルに縛られて自ら工夫する実践的リフレクションを欠いた教師の姿だった。

1年ほどのかかわりのなかで教師たちはマニュアルから脱却し、実践的リフレクションで授業創造を工夫するようになった結果、その学校は再び活性化していった。
つまり、マニュアルに依存した技術的リフレクションでもある程度の学校改善は認められるのだが、それを超えるためには実践的リフレクション、さらには批判的リフレクションが求められるということなのだ。

ここまでの結論は、子どもの主体的・対話的で深い学びを実現するためには教師が主体的にリフレクションに取り組む必要があるということだ。教師たちがそのようなリフレクションを深めるためにどうしたらいいか。それが最終章のテーマとなる。

第7章

教師のリフレクションをどう促すか

教師の変容とリフレクション

「主体的・対話的で深い学び」とは子どもの学習の状態であり、それを実現するためには教師が主体的・対話的で深い学びを意図した指導法を工夫しないといけない。この考えは、長い授業研究の歴史のなかで維持されてきたものと変わらない。しかし、長い歴史があるが故に、日本の授業研究には易きに流れる文化も形成されている。

子どもに主体的・対話的で深い学びを求めると語りながら、実際には教え込みの授業を行っている、そうすることの正当化を信念として身につけてしまっている教師が少なからずいる――それが第1章で述べた、信念にとらわれた教師の姿である。

信念の変容は、第1章で紹介したように外部からの情報や刺激で導かれる可能性がある。指導主事などの外部助言者はそのような効果を意図して学校にかかわっているはずだ。本章では、外部助言者の力を借りるのがむずかしい学校が自分たちの努力で信念を変容させる道筋を考える。

秋田県の指導主事は定期的に学校を訪問し、学校の文化構築を支援している。そのような教育委員会の支援体制が構築できていない都道府県は残念ながら多いし、形式的に訪問していても、学校の現状を追認するだけで、学校の変容まで視野に入れた指導を行っていない都道府県も多い。

前章では教師のリフレクションのあり方を、バンマネンのリフレクション段階説を使って考察してみた。教師が授業マニュアルに依存している状況は技術的リフレクションにとどまっているものであり、それを実践的リフレクションや批判的リフレクションに高める必要がある。

では、教師にどのようにリフレクションを促せばよいのか。その戦略を以下に考えていく。

経験学習におけるリフレクションと素人理論

コルブ（１９８１）は、個人の学習は、具体的な経験の内容を振り返って内省し、抽象的な概念化に落とし込み、それを新たな状況に適用することによって確実なものにしていく過程であると説明した。そこにおいては、経験そのものと、経験の解釈（リフレクション）の仕方によって、学習内容が変わっていくことになる。

この経験学習論は、その結果獲得した知識の客観性が保障されない面をもつが、科学的理論で説明しにくい分野に個人が対処する際、経験学習により対処法を身につけるしかないということになろう。

金井壽宏らが企業の中間管理職に対し自分が一皮むけたと思う経験と、その経験から何を学んだかをインタビューしたところ、一皮むけた経験として研修プログラムをあげたのは3％に過ぎず、仕事上の経験をあげたのが大部分であった（金井・古野、2001）。

経験を積むことが人材育成につながるという考えは、多くの職場で採用されている。「今度の部長は○○支店、本店の△△課、さらに海外の□□支店を経験したエリートだ」という表現は、その人がそれまでたどった経験をポジティブに評価している。「途中で仕事を休んで◇◇大学院に通って博士号をとった」という表現は、経験の重みに比べると低く評価されることが多いはずだ（博士号取得がキャリア形成につながる国は多いのだが）。

市町村で教育長になっている人は、研究校勤務、教育委員会指導主事、校長、校長会長という経験を積んでいる人がたくさんいる。「経験」が実態上も意識上も最も教師の力量を高めるのに有効な方法なのである。

「子どもから学んだ」という教師は多いし、「研究主任を経験したのが、教師としての成長の契機になった」と語る教師も多い。

ホン（２００１）は、個人は自らの経験に基づき個人的な理論である「素人理論」をもつようになり、素人理論に基づき、環境を理解し、予測し、コントロールするようになると考えた。

素人理論は、科学的理論に比べると脆弱ではあるが、日常生活において科学的理論で説明できない事象は多い。たとえば、他人や他の集団に対しての認知、感情、行動は素人理論に基づく場合が多いことを、ホンは分析している。

金井は、実務に携わるなかで持論（素人理論）を構築しながら実践を重ねていくが、やがてプロジェクトのリーダー格になったり部下をもつ立場になったりしたら、自分にあてはまる理論だけに寄りかかってはいられなくなり、自らの理論を一人ひとりの部下にもあてはまる理論に変容する必要が出てくると述べている（中原・金井、２００９）。

拡大した持論は研究の成果としての理論と変わらなくなるはずである。最初からそれを目指せば汎用性が高いはずだが、それでは、理論を自分なりに使うことができない。汎用性が高い理論は自分にあてはまらない可能性が高いから、信じる気持ちになりにくく、実践の役に立たない。したがって、個人的な体験から素朴な持論をつくっていくことでスタートすることが重要と考えている。

経験学習論は、素人理論を変える契機はやはり経験と考える。しかしそれ以外にもあるはずだ。

素人理論を修正するコーチング

１９８０年代のアメリカでは、企業経営者を対象にしたコーチングが普及してきた。コーチングはクライアントのモティベーションを上げ、問題解決を促進するコミュニケーションの手法である。プロフェッショナル・コーチの育成プログラムが体系化され、コーチの資格認証と研修プログラムを提供する機関が誕生している。

それらのシステムが１９９０年代に日本にも伝わり、ビジネスの世界ではコーチングはかなり普及している。

プロフェッショナル・コーチは企業経営者を対象に高額の報酬を得ながら活動しているため、教育の世界におけるコーチングの普及は不十分だが、一部の教育センターや教育関係団体がコーチング研修を提供しており、徐々に広まりつつある状況である（千々布、２００７）。

コーチングの基本理念は、問題解決の手法はクライアントの心の中にあると考えている。よってクライアントが取り組んでいる業種とは関係なくコーチングが可能と考えられている。

これは、問題解決能力や批判的思考力などの汎用能力が育成されれば教科の知識はなくともいいのではと、文部科学省の協力者会議で一時期検討された考え方に似ている。検討の結果、子どもに必要な資質・能力には教科固有の知識や技能があると結論づけられたのと同じように、教師のコーチにも教育界固有の、教科固有の力量が求められるはずである。

コーチ側に教育固有の知識や技能の有無を求めるか否かは議論の余地があるが、教師のリフレクションを促進するうえでコーチングが有効であることは疑いない。

コーチングにおいて最も重要なスキルは質問である。前節で検討したように、教師が経験学習で得た素人理論を変容させるには、変容を必要とする契機が有効であり、学級の荒れ、保護者とのトラブル、同僚とのトラブルなどがあげられる。

通常は、そのような危機的状況に至る以前の状態で「なぜうまくいかないのだろう」

と考える。悩む教師に、コーチであれば「なぜそのような状況になったと思いますか」「どうすれば解決できると思いますか」「そうするためには何が必要だと思いますか」などの質問を投げかけるはずだ。

コーチングは相手にリフレクションを促し、リフレクションを通じて問題解決することを促進する手法だととらえることが可能だろう。

コルトハーヘンのALACTモデル

コルトハーヘン（2010）は、理論や知識を伝達し、それを適用して実践することを中心とした教師教育のあり方を技術的合理性モデルによる教師教育と批判し、生徒の実際的な問題や関心を基盤とするリフレクションを深めることで新たに遭遇する状況に瞬時に適応できる力量を身につけることができるとするリアリスティック・モデルによる教師教育を提案した。

コルトハーヘンの考え方は教師に求められるのは外部で作成された理論を自らの実践に適用することでなく、自らの実践に即して理論を構築していけばよい、というものだ。その過程を促す鍵がリフレクションと考えている。

図９　ALACT モデル（コルトハーヘン、2010、54 頁）

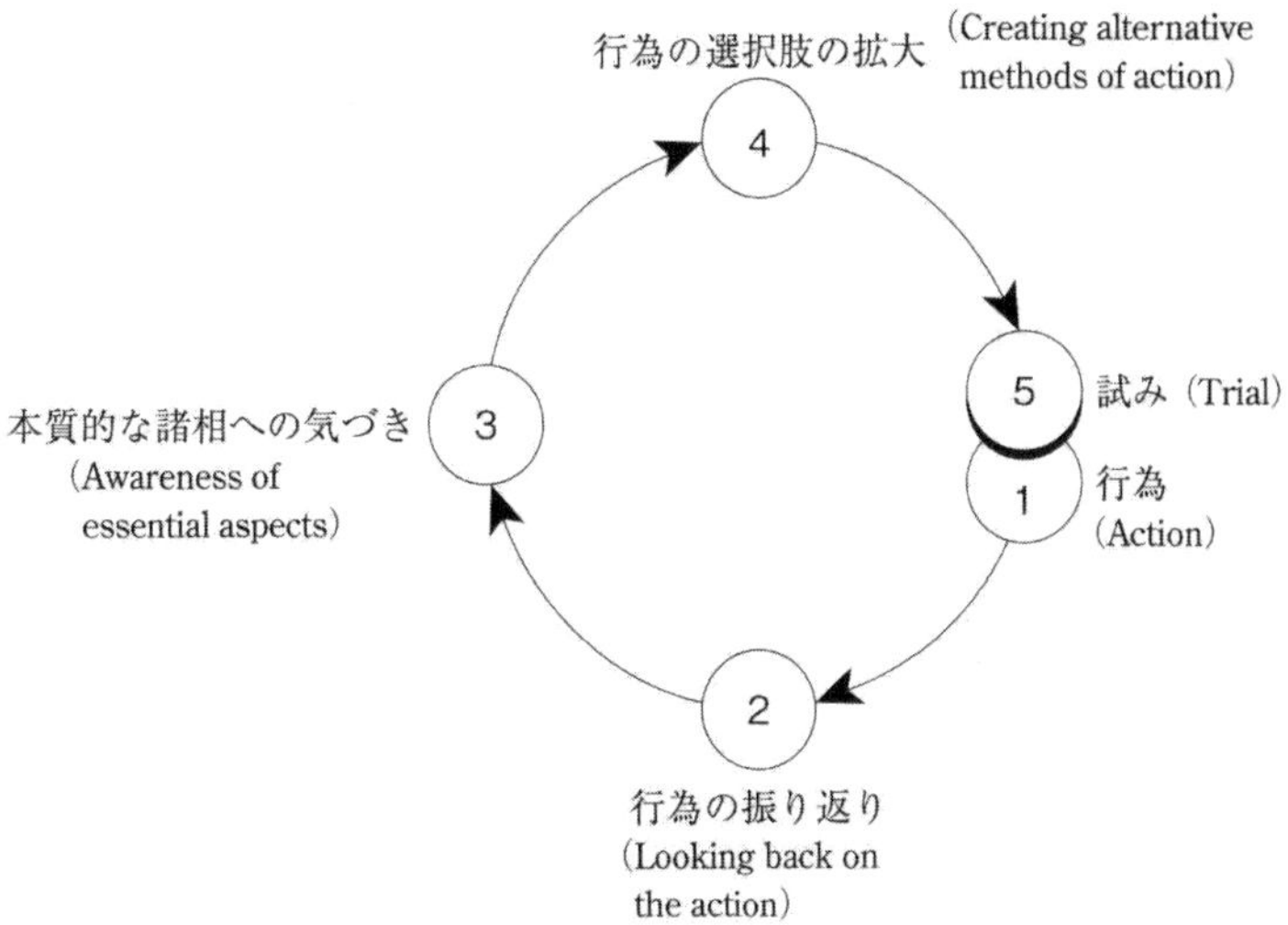

その文脈においては前節で考察した経験学習とその成果をリフレクションを通じて深めていくプロセスと重なる。リフレクションを促す手法をコルトハーヘンはコーチングでなくALACTモデルと称している（図9）。

コルトハーヘンは、教師が行為すること（Action）、行為の結果を振り返ること（Looking back on the action）、そこから本質的な諸相に気づくこと（Awareness of essential aspects）、行為の選択肢が拡大すること（Creating alternative methods of action）、試みること（Trial）というプロセスで教師が学びを深めていくと考えた。ALACTモデルは各プロセスの頭文字をとっている。

ALACTモデルの一連の流れは実践的リフレクションあるいは批判的リフレクションを深めて子どもへの対処法を構成主義的に学んでいくプロセスととらえることができる。

コルトハーヘンのモデルは理論を無視しているわけではない。各プロセスは教師教育者によりファシリテーションされており、教師が本質的な諸相に気づく段階では、直面した問題と振り返りに即した理論が教師教育者から提供されることになる。

企業経営者を対象にしたコーチングは、問題解決手法の生み出す主体をすべてクライアントに委ねているが、コルトハーヘンはコーチとしての教師教育者はリフレクションを促すこととリフレクションの過程に応じて理論を提供することを意図している。

シャインのコンサルテーション

シャイン（1999）は、コーチング的姿勢で企業の組織開発や個人の成長を支援することを「コンサルテーション」と称した。

企業経営におけるコンサルタントとクライアントの関係には大きく三つのパターンが

ある。第1は、問題解決に必要な情報を提供することで対処する専門家モデル。第2はクライアントの状況をコンサルタントが診断したうえで対処法を伝える医師－患者モデルである。

第1のパターンの場合、コンサルタントが有する情報や専門的知識がクライアントに有効に機能するかどうか保障はない。しかもクライアントはコンサルタントが提供するものの有効性が不明なままコンサルタントに依存せざるを得ないため、自主的な改善の道が限られてしまう。

第2のパターンにおいて問題となるのは、コンサルタントが妥当な診断が可能であるかどうかということだ。多くの場合、クライアントは何が問題であるかをわかっていない。そのような状況でコンサルタントが独力で診断に必要な情報を得ることは困難となる。仮に妥当な診断と解決策の提示が可能であったとしても、クライアントがその診断結果を受け入れるかどうか不明である。

これら二つのパターンは前章で考察した技術的リフレクションに属するものと考えられる。診断の有無にかかわらず、クライアントは示された処方箋を実施するだけであり、自ら実践的リフレクションや批判的リフレクションを深める余地がない。

シャインが示す第3のパターンがコンサルテーションモデルである。

クライアントは何が問題であるかがわかっていない場合が多い。そのためにまずは、クライアント自身が問題が何であるかを診断することへの援助を必要としている。またクライアントは問題が何であるかがわかっても、何をどのように改善したらいいのかを特定するのに援助を必要とする。最終的にはクライアントが自分で問題を理解し、自分たちで行う治療法をとことん考えるようにならない限り、彼らが解決策を実行に移すことはできない。

これらのクライアントの問題解決過程を一貫して支援するのがコンサルテーションモデルである。

シャインの提案は、技術的リフレクションでは真の問題解決に至ることができず、実践的リフレクションや批判的リフレクションをコンサルテーションすることにより、はじめて問題解決が可能になると解釈することができる。これは、コーチングとほとんど同じ手法であり、クライアントが実践的リフレクションや批判的リフレクションを深めることを支援する過程であるととらえることができる。

教師のリフレクションを促し、高める姿勢

ここまでの記述から、読者は教師のリフレクションを促す手段としてコーチングが有効と読み取るのではないだろうか。だが、コーチングが有効と語ることは、そのような結論を知識あるいはテクニックとして推奨することにつながり、危険だと思っている。

私はこれまでコーチングに関する著書を2冊刊行し、類似のワークショップにも足を運んでいる。その過程で感じるのだが、コーチングを絶対視して「これが唯一の方法」と語る推進者が多い。そのように断定的に語った段階で相手のリフレクションの機会を遮断し、コーチの語る世界に無批判に入り込むことを求めている。シャインが批判した専門家モデルに属するコーチングが多いのである。

重要なのは、手法としてのコーチング、コンサルテーション、ALCTモデルではなく、その背後に存在しているリフレクションを促す姿勢だろう。

校長や指導主事が教師にリフレクションを促す際に重要となるのは、手法ではなく、どのようなリフレクション——すなわち、技術的リフレクション、実践的リフレクション、批判的リフレクション——を促しているかという視点ではないかと思っている。

リフレクションを促す側も常に自らをリフレクションしていく。互いのリフレクションの連鎖が教師のリフレクションを深めていく。

このように記述すると、それは教師と子どもとの関係と同じと感じる人もいるのではないか。優秀な教師ほど、子どもに学んでいると語る。そして、子どもに教えようとするのでなく考えさせようとし、子どもが教師の意図から外れた方向に思考をめぐらせると、それは自分の課題の提示の仕方の問題か、そもそも子どもの本来的な思考はそちらに向かうものであったかを考える。そのような教師のリフレクションのプロセスは、教師にリフレクションを促す側にも求められる。

私は複数の教育委員会から学力向上の相談を受けている。相談のかなりの割合が、教育委員会が作成した授業の指針を学校に実施してもらうためにはどうしたらいいかというものだ。

それは技術的リフレクションで学校を動かし、学校も技術的リフレクションで授業をすすめていくことを想定している。そのように指摘すると「では、我々はどうしたらいいんでしょうか」と尋ねてくる。あるいは「技術的リフレクションでもいいから、教育委員会作成の指針どおりに授業をやってくれれば、今よりよくなる」との反論がくる。

講義形式で子どもに一方的に知識を伝達し、学ばないのは子どもの責任と、自らの責任を認めたがらない教師の姿に似ている。

授業であれば子どもにどう考えさせようか、どう発問したら子どもは食いついてくるだろうか、という思考は日常的に行われている。それが、校長が教師に、教育委員会が学校に指導する場面になると、そのような思考様式がみられなくなる。

秋田県の校長のコーチング

私は秋田県を含めた6道府県（北海道、秋田県、長野県、愛知県、福井県、大阪府）の中学校を対象にした組織文化の調査 を実施したことがある（国立教育政策研究所、２０１５／千々布、２０１９）。

その結果は、校長のリーダーシップも学校の組織文化も秋田県がともに良好であるというものだった。そのような秋田教育の成立過程は、私のこれまでの著書（千々布、２０１４／千々布、２０１７）と本書第4章で掘り下げたところだ。

私が継続してインタビューを続けている秋田県の校長がいるのだが、その校長の姿は、まさにコーチング的である。秋田県教育委員会義務教育課で指導主事として勤務した後に校長になったその方は、赴任時の学校の印象を次のように語っていた。

「(校長として) 赴任した当初、周りに聞いてみたら次のような返答が多かった。『学習課題は黒板に提示するようにしています』『発表・話し合いはなるべく時間を確保するようにしています』『時間のあるときは、授業の最後に感想を書かせるようにしています』。この『なるべくするようにしている』や『時間のあるときは』という言葉に、ややもすると『学習課題』→『発表や話し合い』→『振り返り』という秋田型の授業スタイルを何となくなぞっているのではないか、そして安心しているのではないかと案じた記憶がある」。

その校長の赴任当初の学校の様子は、私も確認している。板書にめあてが明示されていない教室が複数あったことに驚き、どう指導しているのかを尋ねた。「めあてを書かせようとするのは簡単です。大事なのは、なぜ、めあてを書かないといけないのかを理解することです」との回答だった。

その校長が職員に示したのは

- **なぜ、どのように、生徒とともに学習課題を設定するのか**
- **なぜ、どのように、生徒の考えを引き出し発表させるのか**

●なぜ、どのように、生徒同士の話し合いをさせるのか
●なぜ、どのように、学びの振り返りをさせるのか

などの質問だった。

そのような取り組みの結果、校長初年度のその学校は、全国学力調査の生徒質問紙においての、めあての明示、話し合い活動の実施、振り返りの実施など秋田県が特徴的な活動について県平均を下回っていたのが（それでも全国平均は上回っていた）、翌年度には県平均を超えるようになった（鷲谷、２０１７）。

その校長は秋田式探究型指導を単に求めるのでなく、なぜ、それが必要なのかを考えさせたのである。このコーチング的姿勢は、私が秋田県で出会う管理職や指導主事たちに共通してみられる。

指導主事に秋田式探究型授業ができていない教師にどう働きかけるかと尋ねると、「秋田式探究型授業を実施してくださいとは言わない」と語る指導主事が多い。ある指導主事は「どういう授業を創りたいのですか」と尋ねているとのことだった。

手法を押しつけるのでなく、学校と教師たちのリフレクションを尊重し、促進する姿勢が秋田県にはある。

図10　教育委員会の学校訪問方針と授業研究の水準

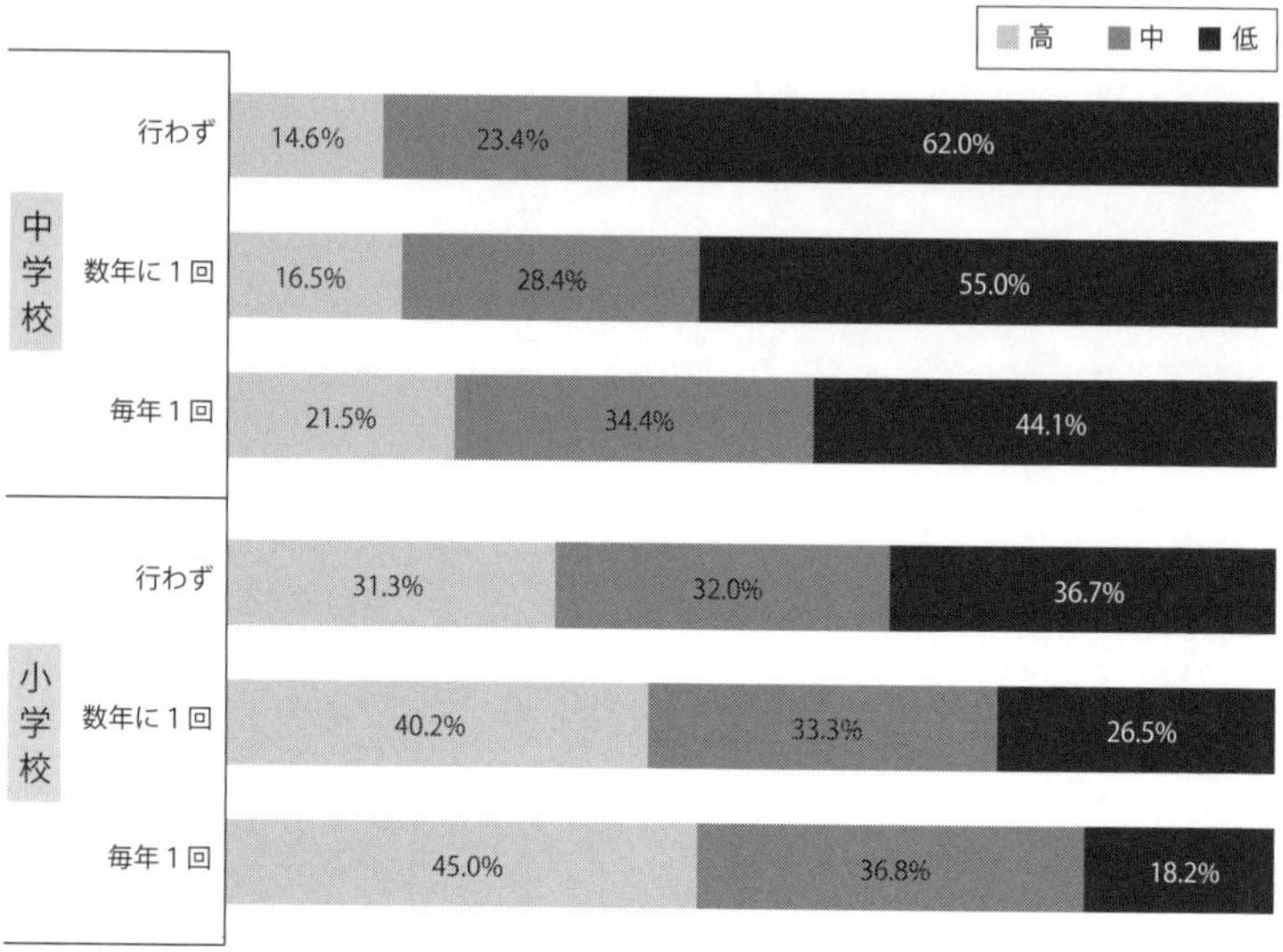

学校のリフレクションを促進する教育委員会の訪問

私は２０１０年に都道府県教育委員会の学校訪問方針と公立小・中学校の授業研究の実施状況を調査したことがある（千々布、２０１１／千々布、２０１９）。

都道府県教育委員会の学校訪問方針は毎年1回以上、数年に1回、訪問しない、の3パターンに分けることができる。都道府県を3パターンに分け、それぞれの所轄下の学校の授業研究の実施状況を比較すると、図10のように訪問頻度の高い教育委

図11　都道府県訪問方針と授業研究水準の関連

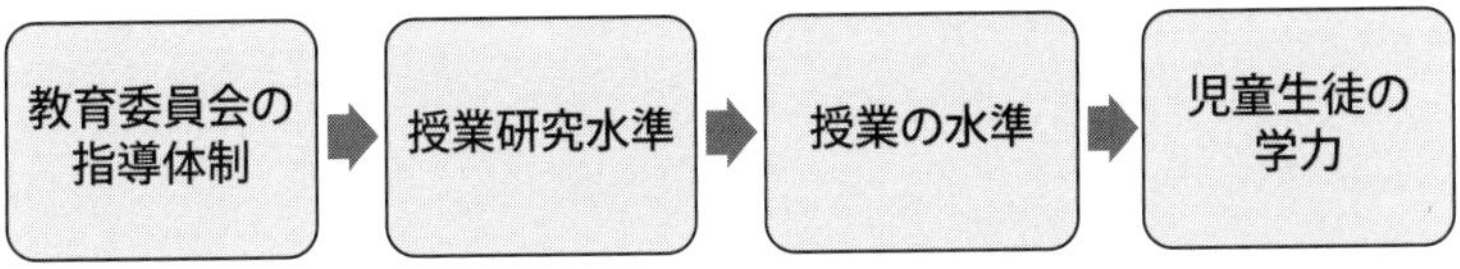

員会において授業研究の実施水準が高いことが示された。

授業研究の水準とは、千々布（２０１１）の調査で明らかになった、学校の授業水準や学力調査の成績（校長の自己評価）に連関する授業研究の取り組み内容である、授業研究会の頻度、全員が研究授業を実施している、指導案の検討会を開催している、発表する機会があるなどの状況を指数化したものである。

授業研究の実施状況調査においては、授業の質の高さ（校長の自己評価）も問うていた。授業研究の実施状況と授業の質は相関係数が小学校.17、中学校.15と高くないものの、有意に相関しており、教育委員会の学校訪問が学校の授業研究を促進させ、授業の質を向上させる構図を示すことができる（図11）。

以上のストーリーは私のこれまでの著書（千々布、２０１４、２０１７、２０１９）で一貫して主張してきたことであるが、実は私の主張と真逆の結論を示している研究もある。

加治佐哲也（１９９８）は、全国の市町村教育委員会とその所轄学校を対象にした調査から、教育委員会が熱心に指導・助言を行うことが学校の特色ある教育課程編成や学校の組織文化を阻害している可能性のあることを示した。

加治佐氏の調査は、教育委員会の指導について

- **教育課程編成・実施に関する指導書や手引き書の作成**
- **研修会や講習会、学校訪問を通じた教育課程に関する指導や助言**
- **教育課程の実施状況に関する調査実施と調査結果をもとにした指導や助言**

などの項目について尋ねており、管理的な業務が多い。

加治佐氏の調査項目には、授業の実態や学校経営方針にしたがった、個別対応的な指導は含まれていない。学校訪問の多くにおいて行われているのは、研究授業や通常授業を参観したうえでの具体的な改善提案や、校長に改善に向けた意欲をもたせるような指導であるが、加治佐氏の調査ではこれらの視点が希薄となっている。

私がこれまで継続して調査している秋田県は、教育事務所の指導主事が中心になって年2、3回学校を訪問している。訪問時はすべての通常授業、その後の研究授業を参観し、研究授業の事後協議会の場で、研究授業と通常授業の全体について指導している。

私が２０１２年に中央教育事務所が行う学校訪問を観察した際は、指導主事は複数で訪問し、それぞれ担当する教科の授業について助言していた。学校経営全体に関しては主任指導主事が助言していた。

そのような秋田県の指導主事の助言は、授業の事実に基づいてリフレクションを促すものであり、学校を管理する雰囲気は感じられなかった。

学校の組織文化を阻害する教育委員会の指導とは、教育委員会が設定した基準どおりに教育課程を編成したり授業を実施したりすることを求める、技術的リフレクションに属するものである。対して教師集団の実践的リフレクションや批判的リフレクションを促す指導が行われている都道府県や市町村においては、授業も組織文化も良好になっていると解釈すれば、私の調査と加治佐氏の調査の結果の相違が説明できる。

拙著『学力がぐんぐん上がる急上昇県のひみつ』（２０１９）では、全国学力調査の県平均が急上昇している大分県、沖縄県、高知県の学力向上担当者に施策を執筆していただいた。原稿を拝読したら、驚くほど共通する施策が書かれていた。

第1が学校訪問体制である。いずれの県もそれまでの学校訪問が不十分であったとの反省のもとに、人員を増強して小・中学校を年間複数回訪問する体制を構築している。

それらの県の学校訪問の様子も実際に拝見しているが、訪問先の情報を極力収集し（全国学力調査の学校平均、問題行動発生状況など）、仮説をもって学校を訪問している。いずれも秋田県に倣《なら》った授業スタンダードを作成しているが、その示し方がシンプルで、型にはめるものになっていない。訪問した指導主事が校長に投げかけるのは基本的に質問である。学校の課題をどのように考えているか、どのように学校を変えようと思っているのか、などの質問で校長を考えさせている。

学力上昇県に共通する施策の第2は、各学校が自校の状況を把握できるツールを開発していることだ。全国学力調査のように一部の学年対象に年に1回しか機会のないフィードバックでは、学校は自らの課題に気づきにくい。

そこで、県が独自に実施している学力調査の結果を全国学力調査と合わせて時系列比較できるようにし、学校の自己点検を促している。教育委員会が作成した単元テストをweb配信することで、単元レベルで常時子どもの学習定着状況を把握できる環境を整えている県もある。
全国学力調査の都道府県ランキングが上昇している県は、教育委員会が学校訪問や学校の現状を分析するツールを提供することを通じて学校のリフレクションを促進できたことが要因として考えられる。

リフレクション３段階論による思考

私は最近、指導主事対象の研修会で次のような事例を使用している。

ある小学校３年生の算数の研究授業である。その教師の算数の指導案は完ぺきだった。小数の足し算・引き算を教える単元について、数の計算の学年を超えた指導体系、前学年で学んだ内容の定着度を測るレディネステスト、子どもの実態、単元計画、本時計画、板書案をきちんと書き上げていた。

しかし、指導案をきちんと書き上げていたからだろうか、その教師は指導案どおりに反応しない子どもにいら立ち、指導案に載っているとおりの発言を強引に引き出そうとした結果、子どもとの距離が離れていった。授業の終盤ではクラスの４分の１の子どもが机に伏していた。

この教師にどう指導したらいいか、議論していただくと、0・1のまとまりで小数の計算を考えさせることに固執したことがよくなかったのでは、導入の段階で十分見通しをもたせるように指導すべきだったのでは、児童の予想される学びの姿をもっと多様に考えるべきだったのでは、などの見解が出てくる。

これらの見解は、バンマネンのリフレクション3段階論にあてはめれば、すべて技術的リフレクションの範疇になる。

教師も指導主事も、一つの原則を提示したり、あてはめたりすることで相手が変容することを期待する傾向がある。これは仕方のないことだが相手を変えるのはむずかしい。実践的リフレクションや批判的リフレクションを促す指導・助言はどのようなものか。

最初に考えるべきは、この教師がどう考えて研究授業に臨んだかである。指導案どおりの授業を行わないといけないとか、参観者から非難されないような授業をみせないといけないとか、授業者を縛っている考え方が想定される。また、授業者をそのように追い込む学校文化や校長の姿勢が考えられる。

次に考えるべきは、授業の目的である。指導案に書いているのだが、それが自分のものになっていない。授業の目的が明確であれば、子どもがどのように反応しようと、教師は臨機応変に対応することができる。

さらに考えてみよう。小数の足し算・引き算では位をそろえることがポイントとなる。それだけを教えて練習問題を多く解かせる教師もいる（テストの点数のみを上げるのには有効なはずだ）。そうするのでなく、0・1のまとまりで考えさせる意味は何か、端数とは何か。ここで学んだ数の感覚が、数学の世界を広げることにつながる。

多くの研究授業の場で教師たちは学習指導要領の意味するところを必死になって理解しようとし、それでも自信がないために一言一句、学習指導要領の文言をそのままコピーして指導案を作成している。だが、研究校になると「学習指導要領ではこう書いているが……」と独自の見解を披露し、その考えに基づいた授業を展開する。このような思考が批判的リフレクションである。

批判的リフレクションはハードルが高い。だが、日本の授業研究は伝統的に批判的リフレクションの水準で勝負してきた。実践的リフレクションに基づく授業改善は多くの教師が取り組んでいる。自らの実践を体系的にとらえ、他者にも伝わるように記述するのが研究校の授業研究である。教師として仕事をしている以上、そのような授業研究に取り組みたいと思う人は多いはずだ。

最終結論

教師のリフレクションを促すのは手法でなく姿勢

私の思索はようやく最終結論を迎えようとしている。子どもの「主体的・対話的で深い学び」を実現するためには、教師に手法（マニュアル）を提示することでは不適切である。教師が自ら主体的にリフレクションするように促す戦略が必要だ。

授業研究は教師のリフレクションを促す戦略として国際的に認められたものであるが、授業研究のなかには教師のリフレクションを促すことなく、かえって縛りつけるようなものもある。

校長も指導主事も意識せずに結論だけを教師に与え、そのとおりに授業を行ったり授業準備に取り組んだりすることで授業が改善できると考えている場合が多い。その背景には国の方針を演繹的に受け止めようとするわが国全体の学校文化がある。しかし、秋田県のように主体的思考で県の方針と学校の授業研究を促進している自治体もある。

教師のリフレクションを促すのは手法ではない、姿勢だ。秋田県の指導主事も校長も、教師の主体性を認めて自ら考えて授業改善するように求めている。

相手の主体性（エージェンシー）を認め、粘り強くかかわり続ける。このようにして教師のリフレクションを求める姿勢が、本書の最終結論である。

リフレクションには技術的リフレクション、実践的リフレクション、批判的リフレクションの3段階が考えられ、上位のリフレクションに取り組むことが望ましい。だが、どのレベルのリフレクションに取り組むかを決定するのも、教師本人である。

モデルとなる授業スタンダードの遵守を学校や教師に求めることで、ある程度の改善が認められることはある。だがそれは、教師が受動的に技術的リフレクションのレベルで授業改善しているだけであり、大きくは改善されない。

大きく改善されるのは、学校や教師が実践的リフレクションや批判的リフレクションに取り組む場合であり、日本では秋田県、海外ではフィンランドやシンガポール、カナダ・オンタリオ州などがそれを促進する施策を推進して成功している。

本書ではリフレクションとそれを促すコーチング的かかわりに焦点をあて続けたが、集団の役割も大きい。プロフェッショナル・ラーニング・コミュニティあるいはラーニング・コミュニティということばは、同僚性あるいは社会的紐帯（ソーシャル・キャピタル）が教師のリフレクションを促進することを意味している。集団のあり方に注目した研究も多い（佐藤学の学びの共同体論はその典型と言えるだろう）。

国際的に教育施策を研究しているハーグリーブスはフーランとの共著『プロフェッショナル・キャピタル』（２０１２）で、教師の力量である人的資本、教師の社会関係である社会関係資本、リフレクションの積み重ねである意思決定資本のいずれもが重要と説いている。

本書はリフレクションに焦点化したが、リフレクションの場である教師集団のあり方も重要ということである。教師集団が互いを認め、支え合う関係となることの重要性は言うまでもない。そのような教師集団のなかで同僚と一緒にリフレクションに取り組むことが、日本の教師が職員室で培ってきた文化であり、そのような機会を意図的に活性化しようとするのが授業研究である。

ここまで読んでいただければ、明日から何をやればよいか、イメージできるのではないか。大事なのは自らも相手も主体的思考、リフレクションに取り組むことである。

おわりに

私の思索のはじまりは、私の勤める国立教育政策研究所の所長が常盤豊氏だった時代（２０１８年から２０１９年）に遡る。育成すべき資質・能力への関心が高く、言語活動の充実を謳った２００８年版学習指導要領を策定した当時の（文部科学省初等中等教育局）教育課程課長であり、学習指導要領改訂への思いを以前から聞き続けていたので、当然２０１７年版学習指導要領への関心も高いはずと踏んでいた。

「主体的・対話的で深い学び」の語が現場に伝わりにくいのではないかという私の訴えに常盤所長はすぐに理解を示し、当時の教育課程企画室長だった白井俊氏、元視学官で國學院大學に転出した田村学氏らを招聘した勉強会を開催することになった。

そこで私が衝撃を受けたのは、常盤所長が白井室長や田村教授と交わしている会話が理解できなかったことである。長らく文科省の中に席をおき、教育課程課とも密に交流してきたつもりでいたが、彼らの思考回路を十分理解することなく、外野的感覚で学習指導要領を批判していた自分を猛省することになった。

そして私がとった戦略は、教育課程課が教科調査官の皆さまと一緒に開催している会議を傍聴させていただくことだった。傍聴した時期は新指導要領にしたがい評価規準をどう示していったらいいかを議論していた。その議論を傍聴しながら、教育課程課の考え、調査官の考え方を理解しようと努めた。

白井氏はその後大学入試センターに異動し、板倉寛室長が後任となった。白井、板倉両氏とも国際分野での勤務経験があり、頭の回転が速く、こちらが理解しやすいかたちで説明してくれる。彼らとの交流を通じて私の思索は急速にまとまっていった。

常盤所長は2019年に退任となり、後任は中川健朗所長となった。中川所長は常盤所長とはまったく異なるアプローチで私の研究を支援してくださり、中川所長の時期に第5章で紹介したパンフレットを公開することができた。

そのような活動をしている最中に、教育開発研究所から単著を出してほしいとの申し出がきた。私がこれまで同社から出した『若手教師がぐんぐん育つ学力上位県のひみつ』（2017）と『学力がぐんぐん上がる急上昇県のひみつ』（2019）を高く評価いただき、単著原稿を『教職研修』誌連載というかたちで書きすすめてはいかがか、と。

前著の編集担当だった山本政男氏からいただいたその提案に、私がそのとき取り組んでいたテーマを伝えた結果として「主体的・対話的で深い学びの神髄を求めて」というタイトルが決定した。連載が開始されてからは、新たに佐々木準氏が担当となり、本書の刊行までご支援いただいた。

連載の過程で、石井英真氏が公刊した『授業づくりの深め方』（２０２０）は、私の思索を一気にすすめることとなった。それまでは教育課程課の考えを理解すること、それに一定程度考えが重なりながらも独自の路線を歩み続ける佐藤学氏の考えを理解することに苦心していた私にとって、石井氏の書はジグゾーパズルの穴を埋める決定的なピースのようなものだった。

石井氏との連載原稿をめぐるメール往還は、私自身の授業研究論を深めることにつながった。石井論と佐藤論を組み合わせることで私の「主体的・対話的で深い学び」論は大枠がかたちづくられていった。

時期的には常盤所長に相談してこのテーマに取り組むようになった以前に遡るのだが、溝上慎一氏との交流も本書に寄与するところ大だった。第2章で書いたように、私はアクティブ・ラーニング論の代表者である溝上氏を警戒しながらアプローチし、その後、大の仲よしになった。

溝上氏の学校へのアプローチの仕方は、私とほぼ重なる。手法は異なるが、学校への向き合い方が私と同じなのだ。そのことは交流をはじめてすぐに了解できた。溝上氏にはアクティブ・ラーニング解釈、エージェンシー解釈などを丁寧にご指導いただいた。

本書は大きく石井論と佐藤論を組み合わせて授業研究の全体像を把握しようと考えたが、その鍵としてのリフレクション論は、科学研究費補助金による研究のメンバーとのやりとりを通じて育んだ。基盤研究Ｂ「授業研究を通じたプロフェッショナル・キャピタルの構築に関する実証的研究」（代表：千々布、２０１７年から２０２１年度）に集まったのは、今の日本において授業研究を語るキーマンと言える人たちだ。

名古屋大学の柴田教授、アラニ教授、久野准教授（その後中京大学教授）、大阪教育大学の木原教授、奈良教育大学（その後関西大学）の小柳教授、福井大学の木村准教授（その後教授）との議論の数々は、私の頭脳を徹底的に鍛えてくれた。

ハーグリーブスのプロフェッショナル・キャピタル論を使えば授業研究の全体像を描くことができるのではないかという当初の目的は、上記のように石井論を加味することでようやくできつつあるのだが、それまではだめ出しの連続だった。まるで６人の指導教官に私がひとり大学院生として指導を受けているような会議だった。

だが、彼らとの議論のなかでリフレクションへの焦点化とバンマネン論によるリフレクション類型化が可能となった。本書はプロフェッショナル・キャピタル科研の中間報告としての意味合いももっている。

ここまでの私の考えをまとめる過程で、勤務する国立教育政策研究所に研修生として派遣されている都道府県籍の教師の皆さまの協力も大だった。当研究所を含めた文科省には多数の研修生が在籍している。多くが出身の都道府県で指導主事になることを期待されている若手教師だ。つまり、都道府県の優秀教師が半径数百メートルのなかに集まっている。

当時の中川所長にご理解いただき、研修生を集めた勉強会をスタートした。勉強会の素材は、私が都道府県の指導主事研修会に招聘された折に提供しているプログラムが主であったが、時折、本書の構想を話し、フィードバックをいただくこととした。第6章で紹介している実践研究の一部は、この勉強会のなかで研修生から提供していただいたものである。

第4章と第7章で考察した都道府県の施策については、文科省の若手キャリアを集めた勉強会が役に立った。文科省の若手キャリアは一定の時期に都道府県教育委員会に出向している。その出向体験を交流させることで若手職員の切磋琢磨を図り、私は彼らの体験談を通して都道府県の情報を収集できるという、一挙両得の構想を、現国立教育政策研究所長の浅田和伸氏（当時は審議官クラス）にもちかけ、5年以上続けている。

ここまで書くと、一体いくつ勉強会を運営しているのだ、と言われそうだが、本当は他にもいくつかある。本書の成立にかかわった私のラーニング・コミュニティを、お礼を兼ねて紹介させていただいた。

私は立場上、多くの都道府県教育委員会や教育センターと交流をもち、授業研究の場に招聘されてきた。それぞれの体験を通じて得た考えを、これまでの著書で披露してきたつもりである。今回の書は、私がこれまで体験した、教育行政や学校の組織文化、授業研究に臨む教師たちの考え方がすべて詰まっている。それらを包括的に説明し、応援できるものになっていると自負している。

この書を読まれた方々が、それぞれのリフレクションを深めることを期待している。

２０２１年11月　著者

引用・参考文献

・秋田喜代美（1996）「教える経験に伴う授業イメージの変容」『教育心理学研究』44巻、176-186

・秋田喜代美（2009）「教師教育から教師の学習過程研究への転回」矢野智司・今井康男・秋田喜代美・佐藤学・広田照幸編『変貌する教育学』世織書房

・秋田県教育委員会（1986）『秋田県教育史　第6巻　通史編２』

・秋田県教育研究所（1963）『学力を高めるために（1集）』

・秋田県教育研究所（1964）『学力を高めるために（2集）』

・秋田県教育研究所（1967）『教育研究と実践の道しるべ』

・秋田県総合教育センター（2011）「あきたのそこぢから」
http://www.akita-c.ed.jp/~ckyk/sokodikara/

・秋田県総合教育センター（2017）「主体的・協働的な学びを通した課題解決的な授業モデルの提案」『平成28年度　研究紀要（48集）』

・秋田県総合教育センター（2018）「主体的・協働的な学びを通した課題解決的な授業モデルの提案」『平成29年度　研究紀要（49集）』

・秋田県総合教育センター（2019）「主体的・対話的で深い学びの実現を目指す授業づくり」『平成30年度　研究紀要（50集）』

・秋田県総合教育センター（2020）「主体的・対話的で深い学びの実現を目指す授業づくり」『令和元年度　研究紀要（51集）』

・朝倉雅史、清水紀宏（2010）「体育教師の信念に関するエスノグラフィー研究」『体育・スポーツ経営学研究』24巻、25-46

・朝倉雅史（2016）『体育教師の学びと成長』学文社

・新井美津江（2017）「カリキュラム知識についての教師の信念」『数学教育学研究』23巻、169-177

・安保宏（1965）「学習指導法の改善についての具体案」『日本数学教育会誌』47巻、20-23

・安保宏（1968）「シート学習方式による学習指導法改善の実証的研究」『日本数学教育会誌』50巻、43-65

・Biesta, G., Priestley, M. and Robinson, S.（2015）The role of beliefs in teacher agency, *Teachers and Teaching*, Vol. 21, 624–640
・Calvert, L.（2016）*Moving from Compliance to Agency*, Learning Forward and NCTAF
・千々布敏弥（2005）『日本の教師再生戦略』教育出版
・千々布敏弥（2007）『スクールリーダーのためのコーチング入門』明治図書出版
・千々布敏弥（2011）「校内研究等の実施状況に関する調査の結果」『教員の質の向上に関する調査研究報告書』国立教育政策研究所
・千々布敏弥（2014）『プロフェッショナル・ラーニング・コミュニティによる学校再生』教育出版
・千々布敏弥編（2017）『若手教師がぐんぐん育つ学力上位県のひみつ』教育開発研究所
・千々布敏弥編（2019）『学力がぐんぐん上がる急上昇県のひみつ』教育開発研究所
・Clarke, D. and Hollingsworth, H.（2002）Elaborating a model of teacher professional growth, *Teaching and Teacher Education*, Vol. 18, 947-967
・Clark, C. M. and Peterson, P. L.（1986）Teachers' Thought Processes, *Handbook of Research on Teaching（3rd Edition）*, Macmillan, 255-296
・Darling-Hammond, L, et. al.（2017）*Empowered Educators*, Jossey-Bass
・Duffy, G.（1977）*A study of teacher conceptions of reading*, Paper presented at the National Reading Conference, New Orleans, ERIC: ED151763
・Elliott, J.（1991）*Action Research for Educational Change*, Open University Press
・Elliott, J.（2012）Developing a science of teaching through lesson study, *International Journal for Lesson and Learning Studies*, Vol. 1, 108-125
・藤岡信勝（1991）『教材づくりの発想』日本書籍
・藤田英典（2015）「教師・教職の現在と教師研究の課題」『日本教師教育学会年報』24巻、8-19
・Giddens, A.（1998）*The Third Way*（佐和隆光訳『第三の道』日本経済新聞出版）

・浜田眞(2019)「教師用学習シートを活用した授業実践知の継承」あきた数学教育学会(第2回定例研究会　配付資料)
・Hargreaves, A. and Fullan, M.(2012)*Professional Capital*, Routledge
・Hargreaves, A. and Shirley, D.(2012)*The Global Fourth Way*, Corwin
・Hargreaves, A. and Braun, H.(2012)*Leading for All*, Council of Ontario Directors of Education
・Hargreaves, A. and Shirley, D.(2020)Leading from the middle, *Journal of Professional Capital and Community*, Vol. 5, 92-114
・Hong, Y., Levy, S. R., and Chiu, C.(2001)The Contribution of the Lay Theories Approach to the Study of Groups, *Personality and Social Psychology Review*, Vol. 5, 98–106
・市川伸一(1999)「『実践研究』とはどのような研究をさすのか」『教育心理学年報』38巻、180-187
・市川伸一(2008)『「教えて考えさせる授業」を創る』図書文化
・市川伸一、鹿毛雅治、山本力(2007)「『教育心理学研究』実践研究のあり方、書き方、通し方を考える」『教育心理学年報』46巻、28
・長野県伊那市立伊那小学校(1982)『学ぶ力を育てる』明治図書出版
・石井英真(2019)「『教育の学習化』を問い直し教育的価値の探究へ」『教育学年報(11号)』
・石井英真(2020)『授業づくりの深め方』ミネルヴァ書房
・伊藤弘幸(2019A)「教師の『指導』から子どもの『学び』への転換」『あきた数学教育学会誌』1巻、2-8
・伊藤弘幸(2019B)「授業プランシートを活用した授業の試行」あきた数学教育学会(第2回定例研究会　配付資料)
・加治佐哲也(1998)『教育委員会の政策過程に関する実証的研究』多賀出版
・金井壽宏、古野庸一(2001)「『一皮むける経験』とリーダーシップ開発」『一橋ビジネスレビュー』49巻、48-67

・小林昭文（2015）『アクティブラーニング入門』産業能率大学出版部
・国立教育政策研究所（2015）「『地域とともにある学校』の推進に向けた教育行政の在り方に関する調査研究　報告書」
・国立教育政策研究所（2020）「主体的・対話的で深い学びを実現する授業改善の視点について（検討メモ）」
https://www.nier.go.jp/05_kenkyu_seika/pdf_seika/r02/r020603-01.pdf
・Kolb, D. A.（1981）Experiential Learning Theory and the Learning Style Inventory, *The Academy of Management Review*, Vol. 6, 289-296
・F. コルトハーヘン編著、武田信子監訳（2010）『教師教育学』学文社
・黒羽正見（1999）「教育行為に表出する教師の信念に関する事例的考察」『日本教師教育学会年報』8巻、89-97
・教育科学研究会（1967）『教育科学入門』国土社
・石田勢津子、伊藤篤、梶田正巳（1986）「小・中学校教師の指導行動の分析」『教育心理学研究』34巻、230-238
・梶田正巳、石田勢津子、宇田光（1984）「『個人レベルの学習・指導論（Personal Learning and Teaching Theory）』の探究」『名古屋大学教育学部紀要（教育心理学科）』31巻、51-93
・鹿毛雅治、上淵寿、大家まゆみ（1997）「教育方法に関する教師の自律性支援の志向性が授業過程と児童の態度に及ぼす影響」『教育心理学研究』45巻、192-202
・苅谷剛彦（2020）『コロナ後の教育へ』中央公論新社
・河村茂雄（2000）『教師特有のビリーフが児童に与える影響』風間書房
・松尾剛、丸野俊一（2007）「子どもが主体的に考え、学び合う授業を熟練教師はいかに実現しているか」『教育心理学研究』55巻、93-105
・湊三郎、八柳久夫（2014）「半世紀を経た秋田の算数シート学習」『東北数学教育学会年報』45巻、27-48
・湊三郎（2020）「秋田型算数・数学授業の創発から確立に至る物語」（あきた数学教育学会誌　投稿予定稿）

・三宅なほみ、東京大学CoREF、河合塾（2016）『協調学習とは』北大路書房
・溝上慎一（2014）『アクティブラーニングと教授学習パラダイムの転換』東信堂
・溝上慎一（2019）「エージェンシーとして理解される二つのライフ」
http://smizok.net/education/subpages/a00036（OECDagency）.html
・向山洋一（1983）「研究紀要ではなく実践記録である」『現代教育科学（317号）』
・中原淳、金井壽宏（2009）『リフレクティブ・マネージャー』光文社
・中内敏夫（1998）『中内敏夫著作集Ⅰ「教室」をひらく』藤原書店
・OECD（2019）*OECD Learning Compass 2030 A Series of Concept Notes*
https://www.oecd.org/education/2030-project/contact/OECD_Learning_Compass_2030_Concept_Note_Series.pdf
・小柳和喜雄（2019）「専門的な学習ネットワークが授業改善に向けた教員の指導性と主体性の構築に及ぼす影響に関する基礎研究」『奈良教育大学教職大学院研究紀要「学校教育実践研究」』11巻、1-10
・Pajares, M. F.（1992）Teachers' beliefs and educational research, *Review of educational research*, Vol. 62, 307-332.
・Shein, E.H.（1999）*Process Consultation Revisited*（稲葉元吉、尾川丈一訳『プロセス・コンサルテーション』白桃書房）
・齋藤喜博（2006）『授業の展開（新装版）』国土社
・佐々木庸介（2012）「『生徒が探究する授業』を構成する省察的実践の過程」『福井大学教職大学院「学校改革実践研究報（No. 118）」』
・佐藤昭二（1973）「主体と創造のシート学習」『日本数学教育学会誌』55巻、215-218
・佐藤学（1992）「『パンドラの箱』を開く＝『授業研究』批判」『教育学年報（1号）』
・佐藤学（1996）「授業研究の課題と様式」稲垣忠彦、佐藤学『授業研究入門』岩波書店
・佐藤学（2012A）『学校見聞録』小学館
・佐藤学（2012B）『学校を改革する』岩波書店

・佐藤学、岩川直樹、秋田喜代美（1990）「教師の実践的思考様式に関する研究（1）」『東京大学教育学部紀要』30巻、177-198
・佐藤学、秋田喜代美、岩川直樹、吉村敏之（1991）「教師の実践的思考様式に関する研究（2）」『東京大学教育学部紀要』31巻、183-200
・澤井陽介（2017）『授業の見方』東洋館出版社
・澤井陽介（2019）『教師の学び方』東洋館出版社
・白井俊（2020）『OECD Education2030プロジェクトが描く教育の未来』ミネルヴァ書房
・Schön, D.（1983）*The Reflective Practitioner*（佐藤学、秋田喜代美訳『専門家の知恵』ゆみる出版）
・杉江修治（2011）『協同学習入門』ナカニシヤ出版
・Takahashi, A. and McDougal, T.（2016）Collaborative lesson research, *ZDM*, Vol. 48, 513-526
・Van Manen, M.（1977）Linking Ways of Knowing with Ways of Being Practical, *Curriculum Inquiry*, Vol. 6, 205-228
・鷲谷真一（2017）「全員で、そしてわかりやすく」千々布敏弥編『若手教師がぐんぐん育つ学力上位県のひみつ』教育開発研究所
・渡辺貴裕（2021）「教師による『研究』」石井英真編『流行に踊る日本の教育』東洋館出版
・柳沢昌一（1991）「学び合う関係の形成」社会教育基礎理論研究会『社会教育実践の展開（叢書生涯学習Ⅷ）』雄松堂出版
・横須賀薫編（1990）『授業研究用語辞典』教育出版
・Yoshida, M. and Jackson, W. C.（2011）Ideas for developing mathematical pedagogical content knowledge through Lesson Study. In L. C. Hart, A. Alston, and A. Murata, eds., *Lesson study research and practice in mathematics education*, Springer
・吉崎静夫（1991）『教師の意思決定と授業研究』ぎょうせい

【注】引用・参考文献は奥付側からのはじまりです。

［著者紹介］

千々布敏弥　ちちぶ・としや

国立教育政策研究所 研究企画開発部 総括研究官
1961年、長崎県生まれ。九州大学大学院博士課程中退、文部省（当時）入省。その後、私立大学教員を経て、1998年から国立教育研究所（現・国立教育政策研究所）の研究官として、複数の都道府県・市町村の学力向上施策の相談に応じている。
2000年、内閣内政審議室教育改革国民会議担当室併任。2003年、米国ウィスコンシン州立大学へ在外研究。2013年、カザフスタン・ナザルバイエフ・インテレクチュアル・スクールにて授業研究アドバイザー。学校評価の推進に関する調査研究協力者会議をはじめ多数の文部科学省関係委員を歴任。
主な著書に『結果が出る　小中ＯＪＴ実践プラン２０＋９』『若手教師がぐんぐん育つ学力上位県のひみつ』『学力がぐんぐん上がる急上昇県のひみつ』（教育開発研究所）ほか多数。

先生たちのリフレクション
主体的・対話的で深い学びに近づく、たった一つの習慣

2021年11月６日　初版発行
2021年12月28日　２刷発行

著　者……………千々布敏弥
発行者……………福山孝弘
発行所……………株式会社 教育開発研究所
〒113-0033　東京都文京区本郷2-15-13
TEL：03-3815-7041　FAX：03-3816-2488
装　幀……………長沼直子
デザイン＆DTP…shi to fu design
編　集……………佐々木準
営　業……………寺嶋隆啓、高橋美賀、草間典夫
印刷・製本………株式会社 光邦

Printed in Japan　© 2021 Toshiya Chichibu　ISBN 978-4-86560-546-4